Чути українською

Відгуки про книжку

Якщо ви натрапили в книгарні на цю книжку — купуйте не задумуючись. І байдуже, хто ви — школяр чи пенсіонер, студент чи викладач. Ця книжка прекрасна. Вона цікава, пізнавальна, дуже весела і водночас по-справжньому наукова. Вона буде корисною і тим, хто лише починає опановувати українську, і тим, хто знає її дуже добре. Ніколи не думав, що працю з філології, ба більше — фонетики — можна читати з таким захватом. А проте саме таку книжку ви тримаєте зараз у своїх руках.

Це, безперечно, заслуга авторки, Ольги Дубчак. «Чути українською» написана дотепно, винятково зрозуміло, однак за легким стилем викладу вгадуються її фундаментальні наукові знання. А також — що особливо приємно — непідробна, справжня любов до української мови. А коли щось робиться з любов'ю, то й результат виходить прекрасний, і ця книжка — чудовий приклад із любов'ю зробленої праці. Тому я особисто дуже чекаю від авторки продовження. Тим паче, що вона й сама планує написати трилогію.

Мало не забув. Якщо вам доводиться виступати публічно і ви турбуєтеся про чистоту своєї вимови та правильність наголосів або якщо ви депутат чи політик — придбайте одразу кілька примірників. Подаруєте колегам, вони будуть вам вдячні. Книга — найкращий подарунок, і це саме той випадок.

Дід Свирид

Ада-да-да-да! Т-т-т-т-т-т! Бр-р-р. Ме. Пф-ф-ф.

Костянтин Мозговий,
8-місячний син авторки

Ольга Дубчак

Чути українською

У світі звукі[ў] і букв

віхола

Київ · 2021

УДК 811.161.2'34
Д79

Дубчак Ольга

Д79 Чути українською. У світі звукі[ў] і букв / Ольга Дубчак. – Київ : Віхола, 2022. – 192 с. – (Серія «Наукпоп»).

ISBN 978-617-7960-07-1

Чи знаєте ви, що голосних в українській мові приблизно в п'ять разів менше, ніж приголосних? Чи чули ви про нескладотворчі звуки? А про літеру Шредінґера? Чи відомо вам, що шиплячі постійно мімікрують під інші приголосні української мови?

Якщо чесно: ви все це знаєте. І навіть якщо вам здається, що ви гадки не маєте, за яким принципом слід вимовляти ті чи інші звуки, ваші мовна свідомість і мовленнєвий апарат роблять це бездоганно.

Книжка «Чути українською» не змушуватиме вас учити правила чи зубрити мовні закони. Це вже робила колись ваша вчителька української мови та літератури. Завдання книжки – пояснити, за якими правилами й закономірностями працює звукова система, а ще – чому наша абетка майже досконала. І, звісно, переконати вас, що українська мова – це надзвичайно цікаво, легко і місцями навіть корисно.

УДК 811.161.2'34

Коректорка *Інна Іванюсь*. Верстальниця *Вікторія Шелест*.
Дизайнерка обкладинки *Олена Каньшина*. Відповідальна за випуск *Ілона Замоцна*

Підписано до друку 01.06.2022. Формат 84×108/32. Ум.-друк. арк. 4,3.
Цифровий шрифт KazimirText. Друк офсетний. Наклад 2000 прим. Зам. № 604450

Видавець ТОВ «Віхола», а/с 68, м. Київ, 03189. Свідоцтво про внесення до Державного реєстру видавців ДК № 7318 від 12.05.2021, www.vikhola.com
Термін придатності необмежений.

Віддруковано ТОВ «Конві Прінт», вул. Антона Цедіка, 12, м. Київ, 03680.
Свідоцтво ДК № 6115 від 29.03.2018

Науково-популярне видання

ISBN 978-617-7960-07-1

Зміст

Каті Гандзюк
Упевнена, ти зраділа б цій книжці

Умовні позначення:

[ ] – транскрипція

[:] – подовження приголосного звука

[ˊ] – м’якість попереднього приголосного

[˘] – нескладотворчий звук або короткий голосний

[ˉ] – довгий голосний

:) – смайлик; у книжці не трапляється, бо нічого смішного в ній немає

Передмова

Добрий день. Мене звати Ольга Петрівна. Прошу сідати. Хто сьогодні відсутній? І чому я не бачу підручника на першій парті? Що значить «забув»? А голову ти вдома не забув?

Так могла починатися наша розмова про українську мову, і так вона зазвичай починалася у школі, чи не так? Мені відомий цей біль. Часто-густо він присмачений калиною, журбою, хатою-мазанкою і згори притиснутий глеком із кришталево чистою любов'ю до козацького минулого нашого народу. Ще в ньому є лелека, криниця і віночок. Можливо, також присутній оселедець. Той, що на голові. Хоча той, що на тарілці, теж може бути. Словом, біль невичерпного почуття до української мови міцно сидить у наших серцях, дбайливо зрошений і зрощений системою загальної освіти.

Ми чесно вчили правила, зубрили чергування, шукали закономірності в уподібненнях, скніли над розрізненням першої та другої дієвідмін і вмирали над комами при відокремлених членах речення. Думаю, якщо зараз більшість із нас перепитати бодай про один із названих пунктів, відповідь буде чітка й упевнена: «Шо?».

Це добрий варіант розвитку подій, але не надто продуктивний. А українську мову справді цікаво вивчати, досліджувати, чути, слухати й читати. І зовсім не тому, що вона посіла друге місце на міжнародному конкурсі мов з милозвучності, а тому, що це живий і сповнений неймовірних секретів організм, це музика й математика водночас, це історія й сучасність, гумор і сльози. Проте головне в ній те, що вона – наша. Своя. Рідна. І чомусь мені здається, що своє та рідне завжди хочеться пізнавати глибше і глибше.

Саме такий підхід пропонує серія книжок про українську мову, підготована видавництвом «Віхола». А ви тримаєте в руках першу з них. Давайте спробуємо її погортати й отримати задоволення від прочитаного. Це передусім. Звісно, хотілося б іще, аби вона була корисною. Проте якщо ні, то нічого страшного не станеться. Хіба лише мовний патруль зафіксує ваше прізвище у своєму мегаграмотному нотатнику. Але то дрібниці. Потім обговоримо.

А зараз давайте вже починати. Неймовірно цікаво, який буде результат[1].

1 До речі, міжнародний конкурс мов з милозвучності – це міф. Красивий, але нелогічний. Як любов.

Вступ

Вивчення будь-якої мови починається із засвоєння її звуків і літер, які ці звуки позначають. Хай як прикро, але я одразу ускладню: звуки і літери — не одне і те саме. Навіть гірше: звук позначається літерою, проте не кожна літера позначає звук. А поки ви обурено відкладаєте цю книжку зі словами: «Ну нормально ж сиділи!» — я розповім, що таке літера і навіщо вона потрібна.

Літера, або буква, — це графічний знак, який використовують для позначення певного усталеного в мові звука, поєднання звуків чи й узагалі — звукової відсутності. Складно? Повірте, це не складно, складно було, коли в людства взагалі не було літер. І айфонів. І інтернету. Хоча ні, без айфонів усе-таки було якось більш-менш.

До усвідомлення, що мовлення можна фіксувати на письмі за допомогою букв, людство йшло доволі довго, так довго, що можна було би догортати вашу фейсбук-стрічку до самісінького кінця, до того ж кілька сотень разів. Потреба передачі інформації за допомогою письма виникла приблизно в V тисячолітті до нашої ери, хоча насправді дата ця дуже умовна. Моменту, коли людина зробила першу фіксацію своєї думки, уявлення чи знання за допомогою графічного знака, нам, очевидно, уже ніколи не дізнатися. Проте відомо, що починала вона з піктограм (зображень), які наносила на різні поверхні — камінь, дерево, глину тощо. Піктограми змальовували

Піктографічне письмо здорової первісної людини

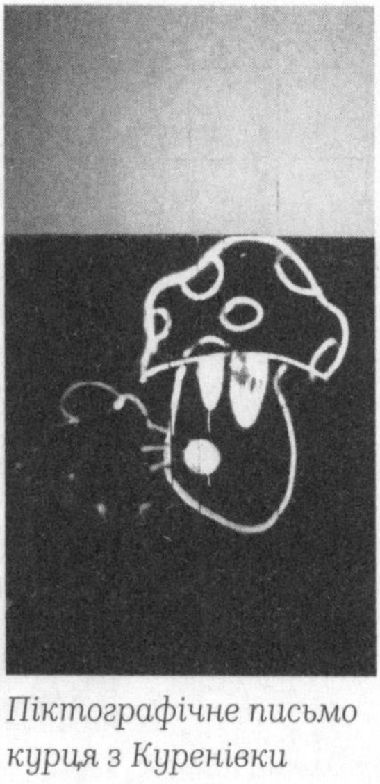

Піктографічне письмо курця з Куренівки

цілі ситуації, а пізніше відображали й поняття. Це міг бути примітивний малюнок, що зображав процес (наприклад, полювання), родинні стосунки, певну важливу подію, ритуал тощо.

Звісно, ви чули про наскельні малюнки, які сягають тисяч років у минуле. В Україні вони теж є – у скелях Кам'яної Могили на Запоріжжі. Такі зображення називаються *петрогліфами*, але не від імені вашого сусіда Петра, який, безперечно, нагадує первісну людину, а від грецького *петрос* – «камінь». Учені стверджують, що скрізь, де колись жила людина і де був камінь, можна натрапити на такі давні письмена.

Загалом піктографічне письмо – неабиякий прорив у культурній еволюції людини, адже воно

Піктограмки в айфоні, з яких усе зрозуміло

засвідчило її здатність до абстрагування і бажання передавати інформацію в часі й просторі. Те, що піктограма – продукт людського генія, підтверджує її незгасна затребуваність у часі. Адже навіть сьогодні піктограмками забиті наші сучасні телефони, бо вони зручні та практичні: у маленькій картинці доволі легко відобразити зміст усіляких додатків, програм і соцмереж.

Оскільки двигуном прогресу для людини є лінощі, із часом вона зрозуміла, що малювати цілі картини на стінах печер, аби передати сучасникам і нащадкам якісь повідомлення, – напряжно. І перейшла до ієрогліфічного письма. Воно абстрактніше й досконаліше за піктограми, адже в невеликому графічному знакові – *ієрогліфі* – можна закодувати ціле поняття. Наприклад, у давньоєгипетському ієрогліфі 𓈉, що нагадує гори, закладене поняття «чужої землі, іншої країни».

А сучасний японський ієрогліф 車, який колись означав «віз», тепер відображає поняття «автомобіль», хоча ієрогліф, як і раніше, графічно зображає віз (вид згори).

Ієрогліфи вдосконалювалися, ускладнювалися, набували різних змістів, але їхня проблема полягала в одному – у надмірній кількості. Попри те що ієрогліфічне письмо в деяких культурах зберігається донині, у світі воно не закріпилося саме тому, що ККД творення нових графічних знаків на тлі бурхливого розвитку навколишньої дійсності виявився нульовим, якщо не від'ємним. (Це я так розумно спробувала пояснити, що придумувати на кожне нове поняття новий ієрогліф людям, знову-таки, напряжно. А уявіть: мало того, що придумати, — а ще ж пояснити решті людей, а ще ж запам'ятати!). Ви можете заперечити, що, наприклад, у Японії й Китаї ієрогліфи збереглися і використовуються абсолютно спокійно. Насправді не абсолютно і не зовсім-таки спокійно: поряд з ієрогліфами (китайського походження) японці послуговуються власною складовою азбукою, тобто пишуть складами. А от китайці — вперті, бо їхня писемна культура налічує тисячі років, тому вони чесно послуговуються саме ієрогліфами, яких у їхній мові близько 50 000 — і вивчити весь цей обсяг переважна більшість населення Китаю неспроможна навіть протягом усього свого життя.

Тож людство викинуло приголомшливого еволюційного коника й дійшло геніального висновку: фіксувати всі можливі поняття, явища й загалом усю навколишню дійсність окремими малюнками, ієрогліфами чи позначками щонайменше непродуктивно, а щонайбільше — нерозумно. «Оптимізація часу, інтелектуальних ресурсів і відповідність запитам споживача — запорука успішного розвитку людства, шановні друзі», — заявили фінікійці і... створили алфавіт.

Цим вони немовби ненав'язливо натякнули решті людей на планеті, що інформацію передавати можна і за допомогою дуже невеликої кількості графічних знаків (літер), які і запам'ятовуються легко, і ресурс використання мають необмежений. Справді, попри те, що букв у алфавітах небагато, їхні можливості нескінченні, як Всесвіт: поєднані між собою, вони утворюватимуть таку кількість слів, яка буде потрібна, і кінця-краю тим словам не буде.

Отже, фінікійці попросили людство потримати їхнє пиво, неспішно взяли в руки черепок і нашкрябали на ньому якісь невибагливі козюльки. Їх було лише 22. «Хм, — подумало людство, — чого ж мені більше хочеться: зазубрити п'ятдесят тисяч химерних ієрогліфів чи запам'ятати два десятки малесеньких козюльок — і полетіти в космос?». Для давніх греків відповідь була очевидною, тому вони, підібравши щелепу з підлоги, попросили дати їм фінікійський алфавіт (просто подивитися, шо таке!), принесли його додому, розштовхали з напівдрімоти своїх сократів і арістотелів, додали в нього букви на позначення голосних (у фінікійців були лише приголосні), трошки домалювали, покреслили — і понеслося.

Зараз вам може здаватися, що несеться по всьому світу і мов, у яких немає алфавітів, не буває. Але це зовсім не так. На жаль, не для всіх на-

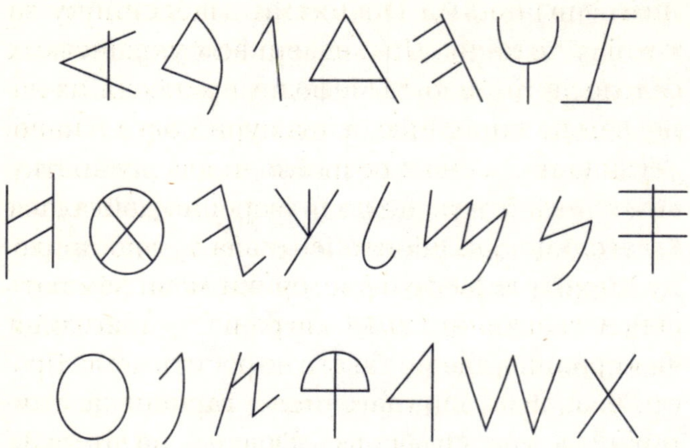

Фінікійський алфавіт

родностей на планеті Земля це питання закрите: у світі є людські спільноти, у яких досі немає писемності, тож і букв, відповідно, теж немає. І це, поза всяким сумнівом, свідчить, що в космос вони полетять дуже нескоро.

Але нам пощастило — у нас писемність є. І бажання колонізувати Марс — також. Лишилося небагато: космічний ВВП, нульова корупція і свідомий та чесний уряд. Хоча видається, що винайти нову писемність українцям буде легше.

Отже, людство винайшло букви — і почалася справжня культурна революція зі своїми побічними ефектами: грамотами, освітами, домашніми завданнями і двійками в щоденнику за техніку читання. Працедавці всіх українських філологів Кирило та Мефодій принесли на нашу землю кирилицю, а пращури довго й наполегливо на її основі розробляли власну абетку. Проте є гіпотеза, що до її творення доклалася і глаголиця, яка нібито існувала тут до приходу Кирила та Мефодія. Історики мови ламають списи на питанні, що ж було раніше – глаголиця чи кирилиця, але ми такого не робитимемо. Просто визнаймо, що глаголиця – гарненька, а кирилиця – практичненька. Рюшики на літерках малювати цікаво, але довго, а руським князям, особливо Ярославові Мудрому, займатися цим не було коли, треба було нести освіченість у маси, ще й половцям дулі крутити при цьому.

Абетка (алфавіт, азбука) – це розташована в певному порядку сукупність літер, що застосовуються для запису певної мови. І саме з вивчення абетки ми зазвичай починаємо вивчення мов – і рідної, і іноземної.

Українська абетка

У сучасному українському алфавіті 33 літери. Кожна з них має свою історію, часом трагічну, часом – кумедну. Деякі букви йшли і верталися, як-от **ґ**, а деякі були завжди, наприклад, **о**. У де-

Аа Бб Вв Гг Ґґ Дд Ее
Єє Жж Зз Ии Іі Її
Йй Кк Лл Мм Нн
Оо Пп Рр Сс Тт Уу
Фф Хх Цц Чч Шш
Щщ ь Юю Яя

яких із них дуже багатогранне минуле, а в деяких — ще й доволі колоритна колишня назва (до прикладу, буква **х** називалася «хѣръ», але ми з вами дорослі люди, і з цього не сміятимемося). У сучасному вигляді літери української абетки мають варіанти: великі й малі, друковані та писані.

Літера представляє, так би мовити, ідеальний звук. Коли фінікійці вигадували алфавіт, вони керувалися розумінням, що малюнків, які зображають ситуації, чи всіляких позначок, що окреслюють поняття, може бути мільйони, а от звуків людської мови — небагато. Саме для їх позначення й були придумані літери. Звук — це така собі абстрактна штука (наш уявний друг, еге ж), його можна тільки почути, але не можна — побачити, торкнутися, намалювати. А буква — штука реальна, її можна накреслити, побачити, прочитати.

Але є одне але. Звуки людського мовлення відрізняються від мовця до мовця — за тембром, за особливостями мовленнєвого апарату, за висотою і так далі. Тобто я вимовляю звук [р] по-своєму, читач цієї книжки номер три — по-своєму, читач номер двісті сорок один — по-своєму, а людина, яка могла би бути читачем номер двісті сорок два, але не стала ним, бо працює в аграрній галузі й не має часу на всі ці друковані забавки, — узагалі не вимовляє, бо така будова її мовленнєвого апарату. А в букві зібрані всі ознаки звука, закарбовані в нашій підсвідомості, і байдуже, як ми його вимовляємо чи не вимовляємо. Букву це, на відміну від логопеда, не турбує. Тому, побачивши написану чи надруковану літеру ***р***, усі ми (і навіть отой працівник-аграрій, який не купив цієї книжки і не прочитав її (я бачу вас, шановний!)) уявляємо, як він звучить «в ідеалі».

У переважній більшості алфавітів світу кількість літер не перевищує 50, проте в абетці кхмерської мови букв аж 74. Найменше літер у мові ротокас (Папуа Нова-Ґвінея) — лише 12. Загалом кількість букв у світових абетках у середньому коливається в межах 30.

У мовознавстві є поняття *ідеального алфавіту*: це коли кожній літері відповідає певний звук. Спойлер: такого алфавіту не існує. Бо мова – це живий організм, який постійно розвивається, а букви – лише графічні знаки, які не встигають (і навіть не намагаються) за цим розвитком. Привід попишатися: українська абетка – _майже_ідеальна_, адже в ній 33 літери, а звуків у нашій мові – 38.

Але чому «майже», спитаєте ви? Чому не можна так, щоб буква дорівнювала певному звуку – і наш алфавіт посів би перше місце на міжнародному конкурсі алфавітів? Ну, знаєте, відповім я, вам як мед, так і ложкою.

В українському алфавіті є букви, які позначають два звуки, наприклад, *щ [ш+ч]* та *ї [й+і]*, і буква, яка взагалі не позначає звука (це м'який знак ь, але, будь ласка, говоріть тихіше, не варто йому вчергове про це нагадувати). Саме це я мала на увазі, коли казала на початку, що не кожна літера позначає звук. Якщо ви все-таки не відклали цієї книжки, а дочитали до цього місця, то я ускладню ще раз: існують звуки, які в українській мові є, але окремих літер для них в абетці не знайшлося. На те є кілька причин.

Перша причина, яку обожнюють називати студенти всіх спеціальностей щодо всіх на світі питань: так склалося історично. Хай як викладачі «полюбляють» цей аргумент, але це таки правда. Абетка не пишеться за один вечір перед іспитом із загального мовознавства (хоча припускаю, для студента під час сесії немає нічого неможливого), вона формується століттями. Тож якщо в ній не виникло літери на позначення якогось звука, значить, для користувачів мови не було такої потреби. В українському алфавіті немає букв на позначення м'яких звуків [д´], [т´], [с´], [з´], [н´], [л´], [р´]. Звуки є, а букв немає. Не виникло в наших пращурів потреби малювати для них окремі літери, та й, чесно кажучи, поки я про це не сказала, у вас теж такої потреби не виникало, правда? Але є алфавіти, у яких на позначення м'яких приголосних окремі букви є, наприклад, у македонській абетці є Њ, що (логічно) позначає [н´].

Друга причина полягає у вольовому чинникові. Інакше кажучи, часом трапляється так, що літеру з алфавіту просто прибирають, спираючись на факти, статистику чи й просто політичні рішення, які дають укладачам підстави вважати, що вона (літера) більше не потрібна. Так, до прикладу, сталося з кириличною літерою **Ѕ**, що позначала звук [д͡з´]. Звук в українській мові лишився, а буква в абетці – ні. Можливо, рішення вилучити цю літеру з нашого алфавіту сивочолі мовознавці ухвалили з огляду на те, що на братній звук [д͡ж] літери теж не було.

Отже, до звуків, які в нас є, але букв на їх позначення немає, належать:

- м’які [д´], [т´], [с´], [з´], [н´], [л´], [р´];
- [д͡ж], [д͡з] і м’який [д͡з´];
- нескладотворчий [ў].

Га, що? Який ще нескладотворчий **ў**? Що це таке?! Та нічого, не зважайте, потім обговоримо. Ви, головне, заходьте до нас.

З рештою звуків усе гаразд – вони спокійнісінько самовиражаються в літерах (а деякі з них – навіть не в одній) і почуваються цілком добре. Цього я бажаю й нам, адже ми переходимо до розгляду двох основних звукових розрядів – голосних і приголосних.

Частина 1

Голосні звуки української мови

Голосні звуки — це ті, які творяться за допомогою голосу. Крім здорового, незастудженого горла, їм для існування більше нічого не потрібно. Коли голосний звук виходить з нашого мовленнєвого апарату (так для солідності можна називати горло в особливо відповідальні моменти), він не наштовхується на жодну перешкоду. Лише двом голосним української мови — **о** *та* **у** *— у творенні допомагають губи, а загалом звучання всіх голосних звуків формується положенням спинки язика в роті. Носових голосних, за винятком сезонних особливостей мовця, який стдаждає на ГРВІ й дежидь, в укдаїдській мові дебає.*

Розділ 1

Як чуємо, так і пишемо (майже)

Почнімо традиційно: з доброї та поганої новин. Першою буде добра: голосних звуків в українській мові лише шість: ***а, о, у, е, и, і***.

А як щодо *я, ю, є, ї*?

Якщо ви звикли називати голосними ще ***я, ю, є, ї*** – кидайте цю невдячну справу. Це не голосні. І не окремі звуки. Це літери, які позначають поєднання двох звуків – приголосного ***й*** та, відповідно, голосного ***а, у, е*** або ***і***. Пам'ятаєте, у вступі ми говорили, що є літери, які позначають два звуки, і через це наш алфавіт ідеальний не на сто відсотків? То це вони. Де підписати петицію?

У любій усім нам ще зі школи транскрипції це має такий вигляд: *[й + а] = я, [й + у] = ю, [й + е] = є, [й + і] = ї*. Якщо ви не пам'ятаєте, що таке транскрипція, то я нагадаю: це квадратні дужечки, у яких відображається вимова. Дуже корисна штука для вивчення іноземних мов, але і для вивчення рідної не завадить, бо в ній позначаються звуки і їхні характеристики. Транскрипція допомагає зрозуміти, як звучить те чи інше слово. Звісно, тепер ми можемо дати запит у гугл, і він видасть потрібне нам звучання за мить, але буває й так, що гуглу нема під рукою (присягаюся, такі моменти справді бувають), і саме для цих страшних часів існують словники, де до слів і подано транскрипції.

В усій своїй красі **я, ю, є** та **ї** виступають:

- на початку слова: ***я**ма, **Ю**ля, **є**мність, **ї**жа*;
- у середині слова після голосного: *сміятися*, *см**ію**ся, см**іє**шся, п**ої**хали*;
- після апострофа *вар'**я**т, б'**ю**, кур'**є**р, під'**ї**зд*. (Про апостроф трохи далі. Він класний).

У правописі зазначено, що **я** також пишеться після **й** у слові *війя́*. Ви знаєте, що означає слово *війя́*? Я не знаю[2].

---

2 Я погуглила. Легше не стало. «ВІЙЯ́ – дишло у воловому возі».

Проте **я, ю** та **є** позначають два звуки не завжди. Вони можуть позбуватися звука **й** і позначати **а, у** та **е** відповідно, коли перед ними стоїть м'який приголосний: *р**я**сно, л**ю**бов, востанн**є***. У таких випадках вживання апострофа абсолютно неможливе (він класний, але не зараз). Запам'ятайте це і, коли вам захочеться його вписати, смикніть себе за руку: апостроф свідчить про твердість попереднього приголосного, а **я, ю, є** в таких випадках його, навпаки, пом'якшують. Саме тому: *бу**ря***, а не *бур'я*, ***лю**бов*, а не *л'юбов*, *л**лє***, а не *л'є*.

А от літера **ї** до такого не здатна. Вона завжди, за будь-яких умов позначає два звуки: *[й + і]* – і приголосний перед нею твердий, і апостроф присутній: *від'**ї**хати, під'**ї**сти, під'**ї**зд*.

Маленьке уточнення. У словах іншомовного походження буває бінго: м'який приголосний + + м'який знак + **я, ю, є** чи **ї**, що позначають два звуки. Наприклад: *біл**ья**рд, н**ью**тон, барел**ьє**ф*. Не поспішайте докоряти мені в дезінформації, важливим елементом у цих словах є *м'який знак*, саме він бере на себе позначення м'якості попереднього приголосного. А оскільки він уже взяв на себе цю невдячну роботу, **я, ю, є** та **ї** зберігають у собі свій [й] і йдуть пити каву, поки той працює.

Трохи фішечок від *ю*

Поєднання голосного з приголосним **й** було властиве нашій мові з незапам'ятних часів, а літери **ю** та **я** мали ще й особливе написання та називалися *юс йотований великий* (Ѭ) і *юс йотований малий* (Ѩ). Крім того, що ці літери були гарненькі, вони ще й містили в собі носові звуки *ǫ* та **ę** відповідно. Минали роки, мова спрощувалася, алфавіт оптимізувався, носові звуки пішли, залишивши після себе звичайні **о** та **а** в поєднанні з **й**. А літери **ю** та **я** в сучасному вигляді трошечки таки нагадують оті симпатичні юси, правда? Що значить «ні»? Придивіться уважніше!

Проте навіть якщо не нагадують зовнішньо, внутрішньо в них лишилися історичні фішечки, про які ви навіть не замислюєтеся, коли пишете. По-перше, коли **ю** вживається після твердих **б, п, в, м, ф**, вона, звісно, відділяється від них апострофом: *б'ю, п'ю, в'ю, верф'ю*. Але: якщо їй треба позначити м'якість і позбутися звука *й*, то між нею і **б, п, в, м, ф** завжди виникає звук **л**: *люб**л**ю* (а не *люб'ю*), *теп**л**ю* (а не *топ'ю*), *лов**л**ю* (а не *лов'ю*), *граф**л**ю* (а не *граф'ю*). Це тому, що **б, п, в, м, ф** не бувають м'якими (про це трохи згодом). Але зверніть увагу: це стосується лише українських слів, бо в запозичених **ю** може стояти після **б, п, в, м, ф** і без апострофа: *бюст, пюпітр, дежавю, кювет* – але, відверто кажучи, його дуже хочеться поставити, що спричиняє помилку в написанні (правда, вам теж хочеться писати *б'юст, п'юпітр, дежав'ю* і *к'ювет*? Але ви так не робіть, Оля не пише – і ви не пишіть, будьте як Оля).

По-друге, ***ю*** ніколи не пишеться після ***г, к, х*** і ***щ***. Ну, не знайдете ви в українських словах таких випадків. Якщо знайдете, то напишіть мені, влаштуємо вечірку на вашу честь. Щюткую.

По-третє, якщо ***ю*** потрапляє в позицію після ***ж, ч, ш***, ці останні обов'язково мають подовжитися: *подоро**жж**ю, рі**чч**ю, сумі**шш**ю*. Саме тому в словах *журі, брошура* й *парашут* пишеться не ***ю***, а ***у***. По-четверте, якщо ***ю*** потрапляє в дієслово після ***д, т, з, с***, воно має спричинити чергування: *хо**д**ити – хо**дж**у*, а не *ходю, но**с**ити – но**ш**у*, а не *носю, пи**с**ати – пи**ш**у*, а не (вибачте) *писю*. Але цілком імовірно, що у вашому регіоні звично кажуть *ходю, носю, возю* – і це нормально. Просто літературній мові невластиво.

Були часи, коли літеру *ю* взагалі хотіли вилучити з української абетки. Таку ідею висунув Михайло Драгоманов у запропонованому ним правописі, який зараз так і називають – *драгоманівка*. Але, на щастя, пропозицію було відхилено ще в першому читанні, а прихильникам драгоманівки вимкнули мікрофон.

І про ї

Ви, певно, багато разів чули й бачили, що літеру **ї** подають фактично як представника української мови: її малюють на обкладинках підручників і постерах до дня української писемності[3], ставлять їй пам'ятники (найбільший такий звели в місті Рівне) і навіть присвячують вірші. Іван Малкович у своєму «Напучуванні» пише:

Хай це, можливо, і не найсуттєвіше,
але ти, дитино,
покликана захищати своїми долоньками
крихітну свічечку букви «ї»... –

і вислів *свічечка букви* **ї** уже навіть став крилатим.

Але чому? Бо в цієї літери передусім тривала історія поневірянь (вочевидь, тому, що її порядковий номер у нашій абетці – тринадцять) зі щасливим завершенням. Саме поєднання звуків [й+і] було властиве розмовній мові, якою послуговувалися на території колишньої Русі ще в X столітті. У писаних книгах і документах того

3 День української писемності та мови святкуємо 9 листопада. У цей день ми пишемо диктант національної єдності. Так-так, і ви також пишете.

часу фіксується написання **і** та **и** з крапочками, штрихами, дужечками над ними, які й мали би позначати відповідну вимову. Натрапити на літеру **ї** можна в книгах Івана Федорова, а у творах Григорія Сковороди вона використана вже на регулярній основі. Проте в радянських мовознавчих джерелах указується (зі зрозумілих причин), що сама літера з'явилася в українській абетці лише 1873 року. У XIX столітті, щиро кажучи, наші письменники вживали її абияк, бо це залежало від правописних уподобань, а із цим у нас завжди була буйноцвітна демократія. І тільки у XX столітті після кількох реформ українського алфавіту ця буква нарешті посіла в ньому своє законне тринадцяте місце.

Другою – і основною – причиною нашого дбайливого й чуйного ставлення до **ї** є те, що такої літери немає в жодній іншій слов'янській абетці. Безперечно, це ще один привід попишатися, що ми й робимо, коли малюємо «Ї» на обкладинках і присвячуємо їй вірші. Ця буква вже давно набула метафоричного змісту, адже ми сприймаємо її як синонім усього українського, нашого, свого.

А це момент для особливо чутливих поетичних громадян: без **ї** навіть не буде слів *Укра**ї**на, Ки**ї**в, укра**ї**нський*.

Утираючи сльозу, наголошу також, що правильна вимова [йі] є окремим пунктом для дикторів і радіоведучих: цю звукосполуку слід вимовляти чітко і не наближати до [і].

Наприкінці XIX – на початку XX століть літеру ***ї*** також використовували для позначення «сильно пом'якшеного» [і] після ***д, т, з, с, ц, л, н***: *дїд, хлїб, цїлий, нинї*. Зокрема такі випадки фіксував правопис, поширений на Західній Україні, автором якого був Євген Желехівський (цей правопис ще називають *желехівкою*). Проте у правописі 1921 року від такої ролі ***ї*** вже відмовилися. Зараз у соцмережах можна побачити відповідне написання, якого дотримуються прихильники желехівки, однак це не надто поширена ідея.

Та повернімося до наших шести голосних – ***а, о, у, е, и, і*** – і до поганої новини: їх мало, але проблеми при написанні вони можуть створювати великі. Це не від того, що в них характер прикрий, просто їх до цього змушують обставини.

Річ у тому, що часом голосні потрапляють у слабку позицію, тобто звучать не так виразно, щоб їх з упевненістю записати правильно. Можна було би порівняти цю ситуацію із соціальною поведінкою вищих тварин, коли слабший намагається бути схожим на сильнішого, переймає його звички, копіює ходу, навіть уживає ті самі слова-паразити, але... Хоча що там – я вже порівняла. Назвімо мене королевою банальностей, але зі звуками справді відбувається те саме: потрапляючи в слабку позицію, вони починають уподібнюватися до інших, сильніших. Ось чому в п'ятому класі *Над виликим силом греміло і блещало*, а нам впаяли двійку за диктант.

Сильна і слабка позиція голосних звуків

Сильною позицією для голосних звуків є місце під наголосом (детальніше про наголос див. у розділі 2). Коли голосний потрапляє під наголос, він розкриває весь свій потенціал, звучить, так би мовити, на повну, і тоді його ні з чим не сплутаєш: правда, треба дуже постаратися, щоб у слові *ве́лич* під наголосом не почути [е] чи в слові *го́луб* — не почути [о].

Проте коли голосний опиняється в ненаголошеній позиції, його звучання слабшає. І він починає уподібнюватися до сильнішого: ось звідки те злощасне *вилике сило* в п'ятому класі — наголос на [и] у слові *вели́ке* змушує [е] прагнути бути подібним до наголошеного [и], а наголошений [о] в слові *село́* так бентежить [е], що воно вирішує уподібнитися до [и] і не відсвічувати. Не варто їх за це засуджувати, ви ж знаєте, що кожен виживає як може. Далі ми згадаємо, що робити, аби вивести їх на чисту воду.

Науковою мовою процес уподібнення одних звуків до інших називається *асиміляція*. Не знаю, навіщо я це кажу. Мабуть, тому, що в мене не дуже характер.

А якби їх було вдвічі більше?

Нам загалом пощастило, що із часом голосні звуки в нашій мові перестали розрізнятися за довжиною. Бо раніше (дуже раніше, ще в праслов'янській мові) ***а, о, у, е*** та ***і*** мали по два варіанти: довгі й короткі (*ā – ă, ō – ŏ, ӯ – ў, ē – ĕ, ī – ĭ*). Таке розрізнення зазвичай впливає на значення слова, наприклад, в англійській у слові на позначення «капелюха» *hat* звучить довгий [ē], а для означення «підігрітого» *het* – короткий [ĕ]. В англійському алфавіті немає спеціальних літер на позначення довгих і коротких голосних, але є мови, де вони навіть закріплені в абетці, наприклад у литовській.

Довгі й короткі голосні вийшли з ужитку, бо в українській мові вони за всього нашого бажання ніяк не впливають на значення слова. Тобто якщо навіть ви суперподовжите звук ***і*** у слові *кіт* і волатимете близько чотирьох хвилин і шістнадцяти секунд над вашою улюбленою розбитою вазою: «Кі-і-і-і-і-і-і-і-іт!!!» – він від цього не перестане бути отією нахабною чотирилапою твариною, у якої ви живете, ще й права качаєте. Олександра Петровича, вашого начальника, це також стосується: хоч як ви подовжуватимете всі голосні в його імені, ваша зарплата від цього не збільшиться. Чесно. Без варіантів. Не працює. Я перевіряла.

А

Найфлегматичніший, найспокійніший, найнеобразливіший звук. Простий як двері. І самодостатній, бо навіть у слабкій позиції не припиняє звучати, як *а*: *к**а**чан*, *к**а**жан*, *їж**а**чок*, ***а**гроном*. Вам, очевидно, знайомий такий вислів: «Як чуємо, так і пишемо». Це про звук *а* (і про фонетичний принцип письма, але це зайва інформація, яку я все одно тут наводжу, щоб ускладнити всім нам життя). Немає потреби вигадувати й озиратися на російську мову, де чомусь кажуть [а], а пишуть **о**. В українській усе простіше, бо мова загалом такий організм, який не надто любить ускладнювати, а навпаки, постійно прагне спроститися. Тому незрозуміло, чому в російській кажуть *б[а]гатый*, а пишуть *богатый*, кажуть *г[а]рячий*, а пишуть *горячий*, кажуть *х[а]зяин*, а пишуть *хозяин*. Може, вони там і сала не їдять, але нам до того діла немає. Тож не озираймося й пишімо: *б**а**гатий, г**а**рячий, х**а**зяїн*[4]. Бо [а] — самодостатній, спокійний, упевнений у собі звук, *хазяїн* ситуації.

---

4 Якщо ваша уява змалювала багатого гарячого хазяїна зараз, то вітаю в клубі образного мислення!

Літера А – перша не лише в українській абетці. У більшості алфавітів світу (грецькому, латинському, вірменському, кириличних тощо) порядок називання букв починається саме з «А». А от в ефіопській абетці зберігся інший порядок літер: HMĦLQ.

Дивовижно, але хоча звук [а] властивий українській мові споконвіку, у ній майже немає питомих, власне українських слів, які з нього починаються. Це легко перевірити, розгорнувши будь-який тлумачний словник: крім *авжеж*, *але* і *ах*, решта слів на «А» будуть іншомовного походження.

О

За характером і вольовими якостями ***о*** дуже схожий на ***а*** – він спокійно й незворушно займає своє місце у слові, і його доволі важко уподібнити до якогось іншого голосного. Але часом трапляються випадки, коли він звучить невиразно й наближається до [у]: *голу́бка, розу́мний, лопу́х*. Нескладно зауважити, що це відбувається тоді, коли у слові є наголошений [у]. Проте в деяких регіонах України замість ***о*** й справді кажуть ***у***, незалежно від наявності чи відсутності останнього в слові: *буїться, стуїть, сукира, дувіра* тощо. Можливо, на вашій малій батьківщині теж так вимовляють, але запам'ятайте: в українській літературній вимові це порушення норми.

Літера **о** є в усіх без винятку кириличних абетках і в переважній більшості некириличних. Крім того, це єдина літера в історії людської писемності, зовнішній вигляд якої принципово не змінився від часу її появи.

У

І ще один незламний голосний, якого важко схилити до підкорення. Можна навіть сказати – неможливо, бо навряд чи вам трапиться випадок, коли ви не розчуєте в якомусь слові – хай він навіть буде в найненаголошенішій позиції – звука [у]: *яблуко, купувати, український.*

Але в нього є свій секрет. Він буває *нескладотворчим* (про це побіжно було згадано у вступі, і час нескладотворчості настав). Що це означає, спитаєте ви, і навіщо ти знову наводиш якісь незрозумілі терміни? Чекайте, це не для того, щоб повисмикуватися, для цього в мене тут буде безліч нагод. Складотворчість – це не страшне слово, це ознака звука, яка свідчить, що він може утворювати склад. Думаю, ви чули, що склад – це та частинка слова, у якій обов'язково є голосний: *м**о**-л**о**-к**о**, ст**у**-д**е**нт, **в**і**д-кр**и**-т**и**й, п**е**-р**е**-пр**о**-ш**у**-ю*. Так зазвичай нас учили у школі, бо це риса передусім української мови. Хоча є й такі мови, де складотворчими можуть бути приголосні, якот *r, l* у чеській: *vlk, vrba, zrno*[5].

Так-от – [у] може наближатися до приголосного і ставати нескладотворчим. Тобто звучати, ну, майже як приголосний. У транскрипції ця властивість позначається симпатичним хвостиком [ў], а на письмі – звичайною літерою **в**. Я передбачала запитання на зразок: «Що значить **у** позначається як **в**?», «Що за маячня?», «Що взагалі відбувається?», «Жінко, ви хто?» – тому швиденько поясню: це особливість української літературної вимови, і навіть якщо про таке ніколи не чули, ви все одно вимовляєте [у] в певних позиціях так, що він наближається до [в]. Це трапляється перед приголосним: *на**в**чати [на**ў**чати], ві**в**торок [ві**ў**торок], бо**в**ваніти [бо**ў**ваніти]* – і наприкінці слова: *ходи**в** [ходи**ў**], ста**в** [ста**ў**], анкла**в** [анкла**ў**]*. Дослухайтеся, як ви вимовляєте подібні слова. І якщо замість нескладового [ў] наприкінці слова у вас звучить [ф], то, Г'юстоне, у нас проблеми, – далося взнаки російськомовне середовище. Ви не почуєте [ф] перед приголосними й у кінці слів на національному радіо, бо диктори проходять спеціальне навчання, адже їхня вимова має бути еталонно-українською. Хотілося б запевнити, що й на телебаченні ви тако-

5 У нашій мові теж таке було на етапі, коли вона ще формувалася в надрах праслов'янської.

го не почуєте, але, на жаль, про школу взірцевої української вимови там уже давно забули.

Ви можете подумати, що десь уже бачили літеру **ў** – і це справді так. Вона є в білоруській мові і закріплена в її алфавіті. А в нашій мові вона збереглася лише на звуковому рівні: тобто звук є, а спеціальної літери немає. Пам'ятаєте анекдот про ховраха? Та неважливо.

І

До цього звука взагалі жодних запитань. Раніше український правопис наполягав, що на початку слова може вживатися тільки **і**: *індик, іній, інколи, іноді, інший, існувати, істина* – проте вже у 2019 році повернулася вилучена норма, і тепер можна писати (і говорити, якщо зручно): *индик, иній, инколи, иноді, инший* і так далі.

Розставити крапки над і

Ви, мабуть, чули цей вислів, та й самі вживаєте в ситуаціях, коли треба підбити підсумок чи дійти остаточного рішення. Це фразеологічна сполука, яка має буквальне (у прямому й переносному сенсах) походження.

Літера *і*, що позначає відповідний звук, спочатку не мала крапки над собою, а була просто вертикальним штрихом. Коли європейські середньовічні писці почали з'єднувати літери в рукописних текстах між собою, цей штрих почав губитися серед інших з'єднувальних елементів, тому, аби якось виділяти, над ним почали ставити крапку. Крім того, крапки над усіма штрихами проставляли вже після того, як текст було дописано до кінця – звідси й вислів «розставити крапки над і», що означає завершену, доведену до кінця роботу. Вважається, що цей фразеологізм прийшов до нас із французької мови.

Хоча ні, запитання все ж таки є: що писати в іншомовних словах – ***і*** чи ***и***? Людвіг чи Людвиг? Чіпси чи чипси? Ватікан чи Ватикан? Дізель чи дизель?

Неочікувано, але ми одразу стрибнули з місця в кар'єр, тобто вже на самому початку книжки маємо розглянути правило. І неабияке, а цілісіньке правило «дев'ятки».

Правило «дев'ятки» не стосується радянського автопрому та моделі ВАЗ-2109, а передбачає правопис слів іншомовного походження. А «дев'яткою» в ньому називають дев'ять приголосних (***д, т, з, с, ц, ч, ш, ж, р***)[6], після яких у загальних назвах не можна писати ***і***, якщо далі знову йде приголосний, а слід писати ***и***: *д**и**зель*,

6 Ці приголосні лягають у чудове запитання «Де ти з'їси цю чашу жиру?». Відповідати на нього не потрібно, уявляти цей процес – теж. Просто в цьому запитанні перераховано всі ті дев'ять приголосних, після яких в іншомовних загальних назвах пишемо ***и***.

*т**и**зер, с**и**гнал, ц**и**стерна, ш**и**таке, д**и**джиталізація* (так, *диджиталізація*!), *Волл-стр**и**т* (так, *стрит*!).

У решті випадків правило «дев'ятки» не діє, зокрема:

- якщо наступний звук — голосний: *діафільм, сіонізм, адажіо*;

- якщо приголосні не входять до компашки-«дев'ятки»: *піца, бізнес, хірург, кілограм*;

- якщо слово — не загальна, а власна назва, порівняйте: *чип* (той, що вживлює Білл Гейтс нам у мозок) — загальна назва[7], *Чіп* (товариш Дейла) — власна назва; *дизель* (паливо) — загальна назва, *Дізель* (винахідник дизеля) — власна назва.

Загалом у правилі «дев'ятки» немає нічого складного, однак коли мова заходить про передачу географічних назв, починається такий бардак, така плутанина, що мовець просто покладається на власну інтуїцію. Це, між іншим, не такий уже й поганий метод. Але при відтворенні географічних назв у правопису таки є свої правила.

---

7 Не варто плутати з висловом *п'яний як чіп*, де *чіп* — скорочене від *чіпок*, тобто наше, не запозичене слово.

1. У географічних назвах з кінцевими *-ида*, *-ика* слід писати **и**: *Антаркт**и**да, Атлант**и**да, Флор**и**да, Адріат**и**ка, Амер**и**ка, Антаркт**и**ка, Аркт**и**ка, Атлант**и**ка, Афр**и**ка, Балт**и**ка, Корс**и**ка, Мекс**и**ка.*

2. Пишемо **и** в географічних назвах після приголосних ***дж, ж, ч, ш, щ*** і ***ц*** перед приголосним: *Алж**и**р, Ваш**и**нгтон, Вірдж**и**нія, Гемпш**и**р, Ж**и**ронда, Йоркш**и**р, Лейпц**и**г, Ц**и**ндао, Ч**и**каго, Ч**и**лі.*

3. У географічних назвах із звукосполученням *-ри-* перед приголосним також пишемо **и**: *Велика Бр**и**танія, Кр**и**т, Мавр**и**танія, Мадр**и**д, Пар**и**ж, Р**и**га, Р**и**м.*

4. І традиційно пишемо **и** в географічних назвах, до яких звикли та з **і** їх не уявляємо: *Аргент**и**на, Брат**и**слава, Браз**и**лія, Ват**и**кан, Ед**и**нбург, Єг**и**пет, Єрусал**и**м, К**и**тай, Корд**и**льєри, Пак**и**стан, Палест**и**на, Сард**и**нія, С**и**ракузи, С**и**рія, С**и**ц**и**лія, Сканд**и**навія, Т**и**бет.*

Е та И

Аж ось ми нарешті дісталися найпроблемніших голосних, які в слабкій позиції так люблять наближатися один до одного, що оте *вилике сило* досі приходить до нас, дорослих успішних діячів культури і техніки, у нічних жахіттях разом з учителькою української мови та літератури Оксаною Степанівною. Проблема плутання [е] з [и] в ненаголошеному складі така поширена, що може не давати спокою навіть докторам філологічних наук.

Звук [е] в українській мові може представляти не лише літера **е**, він ховається також і за літерою **є**, коли вона стоїть після м'якого приголосного: *син**є** [син´**е**], мовленн**є**вий [мовлен´:**е**вий], вилл**є**ш [вил´:**е**ш]*. Сама літера **є**, як і **ї**, – ще один привід попишатися, бо вона є лише в нашій, українській, абетці серед усіх кириличних.

Що ж робити, коли [е] чи [и] звучать невиразно, а справляти враження неграмотного не хочеться? Є кілька надійних кроків.

1. Бідкатися. (Без цього нікуди, вибачайте, це національний вид спорту). Можна піддати драми, скидати руки до неба, апелювати до вищих сил і проклинати ту мить, коли Кирило та Мефодій

з'явилися на обрії із сувоєм грамоти. Ні, ну красиво, погодьтеся.

2. Побідкалися, посумували, поквилили в Путивлі рано на валу – витягаймо наголос. Змінити слово так, щоб ненаголошений голосний став наголошеним, – найпростіший спосіб вивести слабака на чисту воду: ось у слові *с(е/и)ло* нам не видно, хто сидить у тіні, а от у слові *се́ла* наголос уже оприявнив звук [е]. Наголос рулить і в спільнокореневих словах, тобто якщо слово не змінюється так, щоб наголос посунувся, можна дібрати слово з тим самим коренем. О ні, точно, ми ж іще не дійшли до словотвору, і ви не пригадуєте, що таке корінь слова. Скажімо так: це його серцевина, що вказує на основне значення. Порівняйте: *під-****їзд****,* ***їзд****-а,* ***їзд****-ити, при-****їзд****-ять* – бачите, де тут корінь слова? (Так, звісно, ви бачите, бо він виділений напівжирним). Саме в частинці *-їзд-* міститься основне значення спільнокореневих слів. Отже, щоб виявити справжній голосний у слові *в(е/и)лике*, слід дібрати спільнокореневе *ве́лич*, де наголос падає на сумнівний звук і засвідчує, що це [е].

3. Із наголосом бавитися прикольно, але це, на жаль, працює не завжди. Коли бачите, що хай як ви крутите слово, аби пересунути наголос на втаємничений голосний, а він не совається,

спробуйте ще такий метод: змініть слово і зауважте, чи, бува, не вивалився той злощасний слабак із нього взагалі. Якщо вивалився, значить, це *е*: *серп(е/и)нь* – *сер**пн**я*, отже, *серп**е**нь*; *ш(е/и)вця* – ***шв**ець*, значить, *шевця*. *И* в таких маніпуляціях чомусь не вивалюється, не знаю чому, можливо, тому що він сильніший духом і ходить до психотерапевта.

Літера ***и*** є в усіх кириличних алфавітах, крім... білоруського. Але вона там і не потрібна. Стежте за моїм словесним жонглюванням: в українській мові літера ***и*** позначає звук, який у російській позначає літера **ы**. При цьому в російській мові літера ***и*** позначає звук, який в українській позначає літера ***і***. А в білоруській мові літера **ы** позначає звук [**ы**], той, що в нас позначений літерою ***и***, а літера ***і*** – звук [***і***], той, що в російській позначений літерою ***и***! Тепер встаньте, покладіть праву руку на серце й зізнайтеся: у вас закипів мозок? Прекрасно! Тоді продовжуймо.

4. Те, що ***и*** – сильніший, підтверджує і той факт, що він міцно тримається в сполуках *-ри-* і *-ли-*: *б**ри**ніти, г**ри**міти, д**ри**жати, к**ри**вавий, к**ри**ниця, к**ри**шити, ст**ри**міти (увага: не стрімити), т**ри**вати, т**ри**вога, т**ри**ножити, г**ли**тати*. Ви, до речі, часто вживаєте в побутових розмовах слово *глитати*? А в діловому листуванні? А в громадському транспорті? А під час подорожей за кордон? Певно, не дуже. А йому, між іншим, образ-

ливо, тому воно намагається звернути на себе увагу, приходить у кожен підручник і посібник з української мови, а ще кричить випускникам на ЗНО: «Ось же я, ось я, слово *глитати*, напиши мене правильно!».

5. Останній не надто дієвий, але невідворотний метод: запам'ятати. Так. На жаль. Прикро, але. Запам'ятовувати теж часом треба, бо якби від усіх ненаголошених голосних в українській мові була єдина пігулка, було б нецікаво. Та і як нам жилося б, якби не доводилося напружувати звивини? Зазвичай наголосом не візьмеш іншомовних слів *апельсин, бензин, бетон, декада, делегат, демократія, колектив, математика, медаль, пенал, ремонт, рецепт, директор, диригент, шинель* – але й наші не пасуть задніх: *левада, легенда, леміш, тепер, тремтіти, кишеня, лимон, минуле, пиріг*. Це насправді нескладно, кажуть, аби запам'ятовувати образи слів (бо саме вони фіксуються нашим мозком), треба побільше читати. Думаю, якщо тримаєте цю книжку в руках і навіть дійшли до цієї сторінки, ви вже на правильному шляху.

Маю уточнити одну штуку... Дещо невдобно получається, але бувають випадки, коли сумнівний голосний перевірився наголосом і виявився звуком [е], але в ненаголошеній позиції все одно пишеться [и]: *вм(е/и)рати, зд(е/и)рати* – *вм**е**рти,* *зд**е**рти*, значить, нібито має бути *вмерати, здерати*, але ніт: правильно таки *вм**и**рати, зд**и**рати*. Мовознавці заспокоюють нас і запевняють, що таких слів небагато: *прост**е**рти – прост**и**рати, сп**е**рти – сп**и**рати, ст**е**рти – ст**и**рати, ж**е**рти – пож**и**рати, б**е**ру – зб**и**рати, завм**е**рти – завм**и**рати, д**е**рти – зд**и**рати, п**е**ру – обп**и**рати; ст**е**лити– заст**и**лати, кл**е**ну –прокл**и**нати*. І, звісно, їх треба запам'ятати.

Чергування *о, е* з *і*

Перерахувати голосні звуки й дати їм характеристики – замало, варто знати, що вони ще й вступають між собою в певні стосунки, міняються, рухаються, коротше – у межах слова всіляко розважаються. Ну, а що вони – не люди? Їм теж потрібна якась забава, бо так і знидіють. Науковою мовою цей процес називається *чергування* – зміна одного звука на інший під час зміни слова: *к**і**нь – к**о**ня, водоп**і**й – водоп**о**ю, ос**е**ні – ос**і**нь, кам**е**ня – кам**і**нь*.

Найпоширенішим в українській мові є чергування голосних ***о, е*** зі звуком ***і***. Воно відбувається тоді, коли закривається склад. Пам'ятаєте, трохи вище ми говорили, що склад – це частинка слова, яка містить голосний? І голосний при цьому зазвичай один, а приголосних може бути скільки завгодно (чесно кажучи, більше трьох майже не буває): *до-ля, хліб, роз-тринь-кав, сон-це*. Якщо склад закінчується на голосний, він називається *відкритим*, якщо на приголосний — *закритим*. І саме в закритому складі в голосних **е** та **о** стає мало місця для маневрів, тому вони мімікрують під тонший, вищий і — погляньмо правді у вічі — худіший **і**. Зазвичай це відбувається при словозміні: *г**о**-ра — г**і**р, н**і**ч — н**о**-чі, ра-д**і**сть — ра-д**о**-сті* — але буває і при словотворенні: *в**о**-ля — в**і**ль-ний, ро-б**о**-та — ро-б**і**т-ник*[8].

У розумінні принципів цього чергування немає нічого складного, і що важливо: воно властиве тільки українській мові. Ви не зустрінете його в жодній іншій слов'янській мові, хай як намагатиметеся. Ну, так, не друге місце на міжнародному конкурсі мов з милозвучності, звісно, але все одно круто, бо це одна з рис, які надають нашій мові самобутності.

---

8 Словозміна — це зміна одного і того самого слова, наприклад, за відмінками чи числом. Наприклад, *ніс — носа* — це одне і те саме слово, лише вжите в різних відмінках. Словотворення — це утворення нового слова з відмінним значенням. Наприклад, слова *нога — підніжжя* мають один корінь, який стосується *ноги*, але при цьому в них абсолютно різні значення. Ах, я знову забула, що до словотвору ми ще не дійшли.

І знову торговельний

Здається, ця тема вже стільки разів обговорювалася в усіх можливих і неможливих колах нашого суспільства, що набила оскомину. Але ні. Виявляється, ці обговорення дали мало результату, бо час від часу ми все одно бачимо горді й пишні вивіски «Торгівельний центр», «Торгівельно-розважальний комплекс», «Торгівельна зала» тощо.

Давайте так. Звук [о] – публічний діяч. Політик. Звісно, як усі українські політики, він доглянутий і гладкий, як можна бачити з його кругленької фігури, у дорогому діловому костюмі, піджак якого не застібається на пузі. Але час від часу робота вимагає

Торг(о/і)вельний центр у м. Бориспіль

від нього бути з народом, тож доводиться вдавати із себе худого підтягнутого чоловічка. Тому, коли [о] виступає в закритих приміщеннях, з усіх боків оточений виборцями, а особливо — коли на нього спрямоване світло від камери, він затамовує подих, втягує живіт і виструнчується.

Так відбувається в слові *торг**і**вля*, де приміщенням є закритий склад, тобто такий, що закінчується на приголосний: *тор-**гів**-ля*. Ба більше, у цьому складі на [о] ще й падає наголос, тобто світло від камери лупить нашому політику просто в очі. Тож він змушений так підтягнутися на публіці, що аж переходить у звук ***і***. Проте щойно склад відкривається, — виборці розходяться, політик іде додому, сідає на терасі свого заміського будинку, вмикає футбол, бере пачку чипсів і розслабляється. І знову стає тим доглянутим кругленьким звуком, яким був завжди. А поки з виборцями працює його колега — звук ***е***: *тор-г**о**-ве́ль-ний*. Цей процес звичний для передвиборчих кампаній звуків [о] та [е], і чергування властиве багатьом словам української мови: *н**і**с — н**о**са, к**і**нь — к**о**ня, водоп**і**й — водоп**о**ю, ос**і**нь — ос**е**ні, кам**і**нь — кам**е**ню*. Дозвольмо ж нашим політичним звукам виконувати свою безпосередню роботу — удавати із себе струнких, худих і голодних чоловічків.

Е, *и* та *і* в префіксах

Попри те що будови слова ми не розглядали, варто зосередити трохи уваги на голосних, що вживаються в префіксах: ***пре-, при-*** і ***прі-***. Префікс — це частина слова, яка стоїть перед коренем і може змінювати значення слова. Наприклад, у слові *варити* префікса немає, і воно позначає незавершену тривалу дію. Проте додавання префікса з- одразу надає слову значення завершеності: *варити – зварити*. Можна гратися в зміну лексичних значень, додаючи різні префікси, і тішитися результатами: *варити – підварити, приварити* (тобто не зварити остаточно), *розварити, переварити* (так зварити, що вже ніхто не їстиме), *недоварити* (теж, знаєте, не альо), *відварити* (так чомусь завжди кулінари кажуть, наприклад, м'ясо вони рекомендують не зварити, а відварити), *обварити* (облити окропом), *наварити* (стільки, щоб уже всі наїлися), *виварити, підварити, заварити, доварити, проварити*, зупиніть мене.

Отже, що таке префікс, приблизно зрозуміло. Три таких префікси під час написання створюють певні проблеми, бо в них може бути три варіанти голосних: *пр**е**, пр**и*** і *пр**і***.

Запам'ятаймо найлегше – префікс *прі-* вживається лише в трьох словах: *прізвище, прізвисько* і *прірва*. До речі, а у вас було прізвисько в юності? А поганяло?

Далі трошки складніше. Префікс *пре-* вживається переважно в прикметниках і прислівниках для вираження найвищого ступеня ознаки. Тобто: у слові *гарний* виражено ознаку, а в прикметнику *прегарний* – її найвищий ступінь. Чи:

є прислівник *погано*, але якщо хочеться сказати, що гірше вже нема куди, додаємо префікс *пре-* і отримуємо *препогано*. У префікса *пре-* є синоніми: ***супер**погано, **над**погано, **мега**погано*. Також префікс *пре-* виступає у словах *презирливий, презирство, преосвященний, преподобний* і *престол*.

І знову легше. Префікс *при-* в прикметниках і прислівниках не вживається, він є набутком дієслів: *прилетіти, прибудувати, призвичаїтися*. Коли ми додаємо його до дієслів, то він надає їм значення наближення: *літати — прилітати, ходити — приходити*; приєднання: *клеїти — приклеїти, крутити — прикрутити*; частково виконаної дії: *варити — приварити*; або, навпаки, результат дії: *прибрати, придбати*. Відповідно, іменники, утворені від таких дієслів, теж мають префікс *при-*: *приліт, прихід, прикрутка, приварка, прибирання, придбання*.

Отже, префікс *пре-* — у прикметниках та прислівниках (виражає ознаку), префікс *при-* — у дієсловах та іменниках (позначає дію). Ну, і парочка прикметників: *прибережний, прикордонний*.

Голосні звуки, звісно, вередують не лише в префіксах. Вони можуть робити це і в коренях (це ми вже побачили), і в суфіксах, а особливо вередливі вони в закінченнях. Проте ми присвятимо цим питанням окрему книжку.

Кінець розділу про голосні звуки не означає завершення розмови про них. З ними ми зустрічатимемося постійно, адже без голосних не можуть самовиражатися звуки з протилежного табору – приголосні. Саме біля голосних вони повною мірою виявляють усі свої ознаки, демонструють характер і взагалі всіляко розпушують хвоста. Але до хвоста нам ще треба познайомитися зі штрихом, який також неабияк уміє завдавати болю.

Розділ 2

Місце під сонцем. Наголос

Якщо ви чесно прочитали перший розділ, а не прогортали (як зазвичай роблять усі, хто натрапляє в художніх текстах на описи природи[9]), то могли зауважити, що в правильному написанні голосних в українській мові важливу роль відіграє наголос.

Наголос — улюблена штука всіх дикторів, радіо- і телеведучих, тих, хто залучений у творення аудіокнижок, а також, звісно, юних учасників зовнішнього незалежного оцінювання. Це він здивував усю країну кілька років тому, коли з'ясувалося, що в слові *русло* він падає на [о]. Це він підставив легітимного президента у 2012-му, коли той, згадуючи автора «Іліади» та «Одіссеї»,

9 Я теж так роблю.

в імені *Гомер* зробив наголос на перший склад. Це він мучить вас ночами, коли ви задаєтеся питанням, як правильно: *за́вжди* чи *завжди́*[10].

Словом, наголос – той іще штрих із характером. Визначення наголосу в науковій літературі таке, що краще вам не знати, бо може розвинутися депресія. Простими словами його можна окреслити як вимову певного складу з більшою силою. Відповідно, склад у слові, на який падає наголос, називається *наголошеним*, а решта складів – *ненаголошеними*.

З огляду на напруження мовленнєвого апарату під час наголошування, наголос української мови називається *силовим*. Проте у світі є багато мов, де він виділяється не більшою силою вимови, а тоном, або мелодикою. До таких належать в'єтнамська, шведська, литовська, словенська, африканські, тибетські мови тощо. Тон у них впливає на значення слова, за ним також розрізняють роди, числа іменників, часи дієслів і так далі. Безперечно, у нашій мові тон теж має значення. Щоправда, він впливає не на зміст слова, а на якість нашого життя. Погодьтеся, важливо, яким тоном з нами розмовляють мама, тато, діти, чоловік чи дружина. А ще важливіше, яким тоном з нами розмовляє в нічних кошмарах учи-

10 Від правильної відповіді легше, на жаль, не стане: і *за́вжди*, і *завжди́*.

телька української мови та літератури Марія Орестівна. Також наголос буває кількісним, якот у новогрецькій мові, але навряд чи це знання стане нам у пригоді на ЗНО з української мови (і в нічних кошмарах).

Залежно від того, чи прив'язаний наголос до певного складу (першого, передостаннього, останнього) у словах мови, він буває постійним (фіксованим) і вільним (нефіксованим). Саме за постійним наголосом деякі мови можна упізнати просто на слух. От спробуйте прочитати вголос (одразу попереджаю — цих слів не існує, це продукт моєї бурхливої уяви): 1) *mола́то перала́то мо́льке почара́то ун бела́то мокола́то*; 2) *делате́ токолате́ дольте́ покарате́ у белате́ моколате́*; 3) *де́лто то́кло до́лто по́каро ум бе́лто мо́лто*. Зізнайтеся, ви ж упізнали в першій маячні італійську? А в другій — французьку? А в третій ви яку мову впізнали? Може, чеську?

Упізнаваність гарантована наголосом, який в італійській мові зафіксований зазвичай на передостанньому складі слів, а у французькій — на останньому. А в чеській, словацькій, угорській, латиській і навіть трохи англійській мовах наголос постійно тримається в межах першого складу.

Думаю, я вас не здивую, якщо скажу, що в українській мові наголос *вільний*. Було б дивно, якби в мові, просякнутій концептом «воля», носії

якої споконвіку за цю саму волю стають на прю, наголос був невільний. Це абсолютно неможливо. Вільний наголос означає, що в різних словах він може припадати на різні склади: *місто* (перший склад), *любóв* (другий склад), *перетри́мувати* (третій склад). Ба більше, він також може пересуватися з одного складу на інший при зміні слова: *стіл* – *столá* (з першого на другий), *рікá* – *ріки* (з другого на перший), *учи́тель* – *учителі* (з першого на третій). У такому випадку він називається *рухомим*. А коли не пересувається – то *нерухомим*: *дити́на* – *дити́ни* – *дити́ні* (скрізь другий), *ру́чка* – *ру́чки* – *ру́чкою* (скрізь перший). Словом, він у нас такий вільний, що хоче – рухається, а хоче – не рухається, а хоче – узагалі подвоюється.

(Звучить трагічна музика). Подвійний наголос – це біль усіх українських дикторів і їхніх редакторів. Скільки списів об нього поламано, скільки лобів бито, скільки словників зрошено гіркими слізьми наших аудіозірок. То як же, все-таки, правильно: *назáвжди* чи *назавжди́*, *зáтишний* чи *зати́шний*, *зокрéма* чи *зокремá*, *тáкож* чи *такóж*, *клáдовище* чи *кладови́ще*? – здіймають руки до неба українські радіоведучі й завмирають у благально-питальній позі. І пекельно регоче їм в обличчя редактор: «І *назáвжди*, і *назавжди́*, і *зáтишний*, і *зати́шний*, і *зокрéма*, і *зокремá*, і *тáкож*, і *такóж*, і *клáдовище*, і *кладови́ще*!!!». І розверзаються небеса, і гуркотить грім, і блискавка б'є прямісінько в мікрофон. І падає диктор навзнак, і гірко плаче. Завіса[11].

---

11 Цей сюжет присвячено нашій співпраці з радіоведучою Сонею Сотник. Саме так зазвичай ми працюємо над аудіотекстами, ані краплі перебільшення, присягаюся.

Справді, в українській мові є чимало слів із подвійним наголосом. Окрім названих вище, сюди належать:

алфáвíт, військóвúй, дніпрóвúй, залúшúтися, нáфтóвий, пасóвúсько, подáння́, посéрéд, рóкú, сінóжáть, тáкóж, убрáння́, хáлéпа, чимáлúй, я́снúй

— та інші. Я чесно намагалася з'ясувати, як так сталося, хто в цьому винен і кому це вигідно. Хай як прикро, але вже згадуваний студентський аргумент «так склалося історично» тут — найоб'єктивніший. Мова — це живий організм (і ми не втомлюватимемося це повторювати), у якому постійно відбуваються зміни. Наголос не становить винятку, він, як і решта мовних одиниць, зазнає змін і в часі, і в географії. Це означає, що в минулому у слові *зокрема* він міг падати на другий склад, але в наші часи мовці віддають перевагу наголошуванню на останньому. Або ж у Південній Україні кажуть *пасóвисько*, а в Східній — *пасовúсько*. Усе це намагаються що є сили фіксувати словники. Але, як я вже казала, вони не встигають за вільним Доббі, і це нормально. Наше завдання — обирати ті варіанти, які найбільше пасують мелодиці тексту, бо мова — це також і музика. Думаю, у боротьбі з подвійними наголосами це найкращий шлях: обирати той, який природно лягає на вимову.

Мовознавець Святослав Караванський заспокоює нас і каже, що в минулому подвійні наголоси траплялися значно частіше, а зараз літературна мова намагається їх упорядкувати, і в неї це доволі непогано виходить. Крім того, серед наголосів у слові ведеться боротьба за виживання, і перемагає зазвичай найбільш конкурентоздатний. Тобто якщо вам здається, що в слові *також* краще наголошувати перший склад, то вам не здається — це означає, що наголос на першому складі для вас особисто природніший, а отже — і конкурентоздатніший. Правда, зараз хтось може обуритися й заявити, що сильнішим у слові *також* є наголос на другому складі, — і повіє битвою титанів. Але чом би й ні, битва титанів на мовному ґрунті — доволі цікаве й рідкісне явище.

Попри подвійність наголосової натури, він усе-таки тримається деяких моральних принципів. Тобто є в українській мові певні закономірності наголошування слів, якими варто керуватися у вимові (і на ЗНО, авжеж).

- У більшості іменників жіночого роду у множині наголос пересувається на останній склад: *кни́жка* (іменник жіночого роду в однині) – *книжкú* (множина), *тарíлка* – *тарілкú*, *бáба* – *бабú*.

- У більшості іменників, утворених від дієслів за допомогою суфікса *-анн*, наголос падає на цей самий суфікс: *читати* (дієслово) – *читáння* (іменник, утворений від дієслова за допомогою суфікса *-анн*), *кохати* – *кохáння*, *збирати* – *збирáння*.

- Завжди наголошеним є суфікс здрібнілості / пестливості *-еньк-* у прикметниках: *малéнький*, *чорнéнький*, *світлéнький*, *гарнéнький*, *мертвéнький* (жартую, немає такого слова, а якби було, наголос падав би на суфікс).

- У більшості коротких дієслів наголос падає на останній склад: *нестú*, *везтú* і – увага Західній Україні – *бýти*, але: *булá*, *булó*, *булú*!

- У числівниках, що закінчуються на *-надцять*, наголос припадає саме на цю частину: *вісімнáдцять*, *дев'ятнáдцять*, а особливо – *одинáдцять* і *чотирнáдцять*.

Звісно, наведені принципи не скасовують того факту, що в нашій мові є купа слів, наголошування яких може щонайменше здивувати.

Їх потрібно просто запам'ятати (якщо ви чесно читали книжку аж до цього моменту, то шансів стало значно більше). Деякі з них я наведу тут. Насолоджуйтеся.

асиметрі́я, бе́шкет, боро́давка, бурштино́вий, визво́льний, ві́дгомін, вітчи́м, горошúна, данúна, дича́віти, дові́дник, жалюзі́, за́кладка, засто́порити, зру́чний, ко́сий, кулiна́рія, кро́їти, мере́жа, металу́ргія, мутни́й, напі́й, одноразо́вий, пере́кис, піце́рія, промі́жок, роздрібни́й, русло́, спи́на, све́рдло, симетрі́я, текстови́й, тисо́вий, тризу́б, уподо́бання, урочи́стий, фено́мен, фо́льга, хао́с, це́нтнер, цінни́к, чорно́зем, чорно́слив, ще́лепа, щи́пці, щодобови́й, ярмарко́вий

Розділ 3

Милозвучності ніхто не скасовував

Попри те що конкурсу мов з милозвучності ніколи не було, самої милозвучності мов ніхто не скасовував. А тим паче української, у якої просто-таки пунктик на цьому питанні. Вона взагалі страшенно не любить скупчення приголосних, засилля шиплячих чи свистячих, та й багато голосних поряд теж не шанує. Немилозвучно воно їй, зрозумійте.

Тому в ній є аж ціла категорія чергувань голосних із приголосними, щоб було милозвучніше. Міняються в цій категорії голосний ***у*** з приголосним ***в*** та голосний ***і*** з приголосним ***й.*** При цьому, на відміну від змін звуків у межах слів, які фіксуються на письмі і недотримання яких трактується як жахлива помилка, що веде за собою анафему, публічні страти й вигнання з нашого мовознавчого раю, тут правил чергування можна й не дотримуватися. Бо незаміна **у** на **в** чи **і** на **й** не є грубою помилкою і не впливає на значення слів. Проте знайте: якщо ви не дотримуєтеся правил милозвучності, десь далеко плаче маленька українська мовочка. А вам же не хочеться ображати маленьких гарненьких мовочок, правда?

Правила милозвучності української мови дуже прості.

1. На початку речення вживаються голосні **у** та **і**: ***У*** *Степана є гроші.* ***У****ранці він отримав гонорар.* ***І*** *ці гроші він планує спустити в барі.* ***І****діот.*

   Проте якщо наступне слово на початку речення починається з голосного, слід писати приголосні **в** та **й**: ***В*** *Оксани грошей немає.* ***В*** *абсолютно жахливому настрої вона йде в бар.* ***Й*** *отам за барною стійкою бачить Степана, який спускає гроші.* ***Й****омайо.*

2. У середині речення між приголосними вживаються голосні **у** та **і**: *День* ***у*** *Степана не вдався. Однак* ***і*** *бару не пощастило.* А між голосними — приголосні **в** та **й**: *Оксана* ***й*** *Уляна дружать, бо Уляна розумна.* *А* ***в*** *Оксани є почуття гумору.*

3. Незалежно від того, на який звук — голосний чи приголосний — закінчується попереднє слово, слід уживати **у**, якщо наступне слово починається на **в, ф** чи **хв, св, льв** або **тв**: *Оксана сиділа* ***у в****агоні; Уляна вірила* ***у ф****ортуну; Степан переконався* ***у св****оїй правоті.*

4. Якщо в реченні є пауза, яку позначають кома, тире, двокрапка, дужки чи крапка з комою, — слід писати голосні **у** та **і**: *Оксана знала:* ***у*** *неї все буде гаразд. Уляна —* ***у****чителька математики. А ми (****і*** *не лише ми) хочемо в бар до Степана.*

5. Якщо в реченні попереднє слово закінчується на голосний, а наступне починається на приголосний, слід уживати приголосні **в** та **й**: *Уляна* ***в*** *школі. Оксані* ***й*** *тут добре. Ми* ***й****демо* ***в*** *бар.*

Ви могли зауважити, що чергування милозвучності відбувається не лише з прийменниками **у/в** та **і/й**. Воно можливе й у словах, що починаються із цих звуків: ***у****ранці —* ***в****ранці,* ***у****читель —* ***в****читель,* ***і****ти —* ***й****ти,* ***і****мовірний —* ***й****мовірний* тощо. І не просто можливе — воно бажане. Вам нескладно починати речення з голосного, правда ж? А мові приємно.

Проте не в усіх випадках милозвучність доречна.

У з ***в*** не чергуються у словах, які вживаються тільки з ***у*** чи тільки з ***в***. Так, слово *влада* пишеться тільки через ***в***, а слова *улада* в нас, звісно, немає. Те саме стосується слів *власний, вплив* (*уплив*, серйозно?), *взаємини, увага, указ, умова, установа, уява* (проте ви цілком можете вимовляти *в'ява* в пришвидшеному мовленні, це нормально), *узбережжя* та інших. Часом трапляється кумедне замилозвучнення, коли заміна одного звука іншим призводить до зміни значення слова, порівняйте: ***в****дача* – це характер, а ***у****дача* – щасливий випадок долі; ***в****клад* – це ***в****несок*, наприклад, у розвиток філософської думки, а ***у****клад* – усталений спосіб життя; ***в****ступ* у цій книжці був про виникнення алфавітів, а ***у****ступ* на горі може бути небезпечним для життя. До речі, плутанина зі *вдачею* та *удачею* – дуже поширене в нас явище, особливо тішить, коли *вдачі* бажають ювіляру на 70 років. Отак прожила людина без характеру, то, може, хоч на старості літ якусь вдачу в собі виховає.

Також абсолютно неприпустиме чергування ***у*** з ***в*** у власних назвах, іменах чи прізвищах та словах іншомовного походження. Хоча даремно, доволі кумедний міг бути результат: *Уляна – Вляна, Устим – Встим, Врубель – Урубель,*

Угорщина – Вгорщина, утопія – втопія, увертюра – ввертюра.

А от у нашому ріднесенькому топонімі Україна таке чергування, хоч і дещо стилістично забарвлене, можливе: *Україна – Вкраїна.* Це тому, що в нас не лише наголос вільний і падає куди собі хоче, у нас вільні й слова також, і ніхто їм не завадить бути такими.

Сказане стосується і звуків **і** та **й**. Не чергуються **і** та **й** у словах, що вживаються тільки з **і** чи тільки з **й**. Ви ж звернули увагу, що в реченнях вище такими є ***і**діот* і ***й**омайо*? Так само неможлива заміна в словах ***і**скра, **й**од, **і**ндичка, **і**стота, **й**олоп* тощо. Хоча якби можна було замінити **й** на **і** у слові *йолоп*, було би красиво, ніби давньоєврейське ім'я: *Іолоп.*

І дуже-дуже обмежено чергуються **і** з **й** у власних назвах та словах іншомовного походження: ***І**онічне* море може собі дозволити бути ***Й**онічним*, але нечасто, під настрій, переважно в поезії. *Олена **І**ванівна* теж може побути *Оленою **Й**ванівною*, але тільки у розмові, на письмі – зась. Ну, і не варто, все-таки, обзиватися ***Й**мануїлом* на Канта нашого *Іммануїла*, бо він може взагалі-то і моральним імперативом вгатити.

З — із — зі — зо

Закони милозвучності української мови не обмежуються чергуванням ***у / в*** та ***і /й***. Є ще кілька моментів, яких бажано дотримуватися, аби не ображати нашу мовоньку калиновоньку, солов'їноньке наше мовенятко.

Одними із таких моментів є варіації прийменника ***з*** (про сам прийменник буде далі, у розділі 4). Оскільки сам він фактично є приголосним звуком, то не завжди може бути легким у вимові. Тоді йому на допомогу приходить голосний ***і***, а раніше ще й активно допомагав ***о***.

Сам ***з*** пишемо:

- на початку речення чи в середині перед словом, що починається з голосного (при цьому не має значення, на який звук — голосний чи приголосний — закінчується попереднє слово): ***З о****днією гривнею в кишені сумно. А о****т з о****дним доларом — уже веселіше*;

- перед приголосним (крім ***с, ш, ж, ч, ц, з, щ***), якщо попереднє слово закінчується на голосний: *Ходім****о з н****ами. У нас є гривн****і з д****оларами.*

Якщо приголосними є свистячі (***з, с, ц***) чи шиплячі (***ж, ч, ш, щ***) — пишемо ***із***: ***Із*** *цими грошима вічно проблеми.* ***Із*** *самісінького ранку їх треба* *заробляти. Аби потім **із** широкою усмішкою витрачати.*

Із пишемо й в умовах скупчення приголосних з обох боків: *Я отримала ли**ст із Кр**емнієвої долини. Пропонують купити компле**кт із кр**емнієвих комп'ютерів.*

Варіантом **із** є **зі**. Цей прийменник пишуть перед сполученням кількох приголосних, особливо коли початковими є **с, з, ш, щ**, незалежно від закінчення попереднього слова: *Усього цього я не пам'ятаю ще **зі шк**оли.*

Трапляються випадки, особливо в науковій літературі, коли автор чомусь пише **із** біля свистячих, і виходить щось на зразок: *Це питання **із ск**ладних. Пишемо **із зн**аком питання.* Не зовсім зрозуміло, навіщо він це робить. Написати це можна, а от вимовити? Значно простіше вжити в таких випадках прийменник **зі** – і не мучити ані язик, ані мовоньку нашу, мовенятко.

Прийменник **зо** вважається архаїзмом, тобто трохи застарілим і стилістично забарвленим, але його можна сміливо вживати із числівниками *два* й *три*: *Купила **зо** три комплекти кремнієвих комп'ютерів. Допоможіть десь перебути ночі **зо** дві.*

Частина 2

Приголосні звуки української мови

До творення приголосних звуків, крім голосу, докладається ще й шум. А деякі з них можуть утворюватися лише за допомогою шуму. Ні, не того шуму, через який ви не можете зосередитися на читанні корисної літератури. Коли струмінь повітря видихається з наших легенів, він наштовхується на перешкоди: гортань, зуби, губи, навіть носову порожнину. Усі ці органи беруть участь у творенні приголосних звуків і вкупі також називаються мовленнєвим апаратом. Вади чи ушкодження якогось із органів позначаються на характері приголосних звуків, мовець може шепелявити, грасирувати (картавити), гугнявити тощо. Але варто пам'ятати, що в таких випадках він не творить нових звуків, просто такі особливості його вимови. А українські приголосні мають свої сталі характеристики, тож пристебніться, бо зараз ми їх розглянемо детальніше.

Розділ 4

Долаємо всі перешкоди (майже)

Що ж, на відміну від першого розділу, тут доброї новини не буде: приголосних звуків в українській мові аж 32. І класифікуються вони за такими різними показниками, що навіть страшно про це говорити. Але все ж доведеться, бо інакше як ми збираємося підкорювати космос? Без такого надважливого знання, як поділ приголосних звуків української мови, колонізація Марсу нам не світить. Тож поїхали, чи то пак — полетіли.

Сонорні приголосні

Найперший поділ приголосних української мови базується на тому, чого у вимові більше — голосу чи шуму. Якщо голосу (тону) більше, ці звуки називаються *сонорними*. Їх небагато, до них належать ***р, л, м, н, в, й***, а також м'які ***р´, л´, н´*** (не забуваймо: звуки є, а спеціальних літер немає).

Кажуть, з усіх приголосних ці найбільш лояльні до голосних і навіть прагнуть бути схожими: їх можна протягнути – *р-р-р-р-р, м-м-м-м-м, й-й-й-й-й* (ви ж зараз пробуєте це зробити, еге ж?) і так далі; а ще в деяких мовах вони так само, як голосні, утворюють склад. Ми вже згадували про це, але не гріх буде повторити, бо в словацькій, чеській, сербській, хорватській, словенській і македонській мовах вони часто є складотворчими. Під час вивчення словацької та чеської мов зазвичай пропонують скоромовку, де немає жодного голосного, проте є сонорні приголосні: *strč prst skrz krk*. Чи знаю я, як це перекладається? Та ні, не знаю, просто цікаво, чи зламали ви язика, коли вимовляли. Думаю, не зламали, бо сонорні ще називають *плавними* – частково й через відносно легку вимову й участь у ній голосу.

Історично в нашій мові сонорні приголосні теж були складотворчими, але недовго. Певно, через прагнення посісти таки хоч якесь призове місце на уявному конкурсі мов з милозвучності українська швидко розвинула в таких випадках голосні: *срдце – серце, трг – торг, врх – верх, крв – кров*. Ну, незручно їй без голосних, давайте вже без оцих от зайвих сонорностей.

Вважається, що сонорні приголосні посідають проміжне місце між голосними і приголосними. Звісно, ми зараховуємо їх до приголосних, бо в нашій мові вони втратили свою здатність утворювати склад.

Р і Л

О, цей дрижачий звук [р], гарчання лісового звіра, гуркіт нічної грози і вічна любов логопеда. Чи пам'ятаєте ви, як опановували вимову цього чарівного приголосного? Той іще челендж для українського малюка. Зате якщо йому це вдається, надалі за виразним твердим [р] його напевне впізнають у світі як слов'янина.

Справді, чітка тверда вимова цього звука є характерною ознакою слов'янських мов, а в українській наприкінці слова м'яким він узагалі не буває. Тому навіть не намагайтеся пом'якшити його в таких словах: *кома**р***, *ліка**р***, *суха**р***, *зві**р***, *база**р***, *чотве**р*** і под. – бо це порушення літературної вимови.

Звук [р] може бути м'яким, якщо після нього йде ***і, ьо***, чи ***я, ю***, що позначають м'якість: *рівний [р´івний]*, *згорьований [згор´ований]*, *буря [бур´а]*, *говорю [говор´у]*. Зазвичай це трапляється, коли ***р*** стоїть на початку складу.

Усім нам відомо, що не опановане малюком [р] заміщується звуком [л]. Часом ми й самі, коли косплеїмо дитячу вимову, послуговуємося таким прийомчиком. А є мови, де це абсолютно серйозне нерозрізнення: наприклад, китайці не розмежовують [р] і [л], для них окремого звука [р] взагалі не існує[12]. А японці, навпаки, не вимовляють звука [л], а коли намагаються це зробити, то в них виходить щось близьке до [р].

А ще є французи зі своїм звуком [р], який твориться зовсім не там, де наш. Український [р] утворюється за допомогою кінчика язика, що «дрижить» і торкається альвеол, а французький – коливанням язичка, того, що в гортані. Тому якщо вам не вдалося опанувати нашу вимову і ви послуговуєтеся язичковим [р], сміливо кажіть, що навчалися в найкращих салонах Парижа.

На відміну від [р], яким позначають гарчання й гуркіт, звук [л] традиційно вважається представником чогось ніжного й приємного. Він присутній у словах типу *любов, лагідний, ляля*, що й дає підстави для такої характеристики. Подейкують, що колись був здійснений експеримент, де учасникам давали читати вигадані слова зі звуками [р] і [л], і вони розподіляли їх, відпо-

12 «Україна» китайською звучить Wūkèlán, тобто [укила́н].

відно, на «страшні» й «загрозливі» та «приємні» й «лагідні». Ми не знаємо, чи той експеримент реальний, але звук [л] – цілком.

Сонорний твердий ***л*** зазвичай виступає на початку складу перед ***а, о, у, е, и***: *ламати, ловити, лежати, лизати*. Якщо після нього стоять ***і, я, є, ю***, він стає м'яким ***л´***: *літати [л´ітати], лягати [л´агати], люстра [л´устра]*.

Важливо розуміти, що після ***л*** ніколи не ставлять апострофа. Навіть якщо дуже хочеться. Навіть якщо у вашому регіоні вимовляють так, ніби він є. Ні. Немає. Вибач, апострофе. Вибачте, регіони.

Значущими є також випадки, коли від дієслова *лити* утворюються особові форми. Тут часто хочеться втулити і м'який знак, і апостроф, і какао з чаєм, але насправді слід пам'ятати, що він просто-напросто *подовжується*: *лити* – ***лл****ю*, а не *лью*, ***лл****єш*, а не *л'єш*, ***лл****ємо*, а не *л'ємо*, ***лл****єте*, а не *льєте*. Інколи буває так, що для перестраховки мовець пише одразу всі можливі знаки: *л'ьєш, виль'ю, налл'ью*. Хай Бог милує і заступає, не робіть так ніколи, благаю вас від імені всіх учителів української мови, їм і без того несолодко.

Східнослов'янське повноголосся

Коли певний діалект починає набувати специфічних, не властивих спільній мові рис, його починають розглядати як окрему мову. Так сталося колись і зі східнослов'янськими (українська, білоруська і російська), які почали виділятися з-поміж інших слов'янських своїми оригінальними характеристиками. Однією з них стало *повноголосся*, яке розвинулося обабіч сонорних приголосних ***р*** і ***л***. У праслов'янській і давньоукраїнській мовах слова містили звукосполуки *ор, ол, ер, ел, ра, ла, ръ, лъ*, які загалом збереглися в сучасних західно- й південнослов'янських мовах. Проте східнослов'янським сонорним ***р*** і ***л*** у них було, вочевидь, затісно, тому із часом вони перейшли в *-оро-, -оло-, -ере-, -еле-*: *м**оро**к, м**оло**ко, д**ере**во, п**еле**на*. Повноголосні звукосполуки української можна легко зіставити з відповідними неповноголосними інших мов, порівняйте: українське *борода* – болгарське *брада*, українське *берег* – словацьке *breh*, українське *голова* – польське *głowa*. По-моєму, у наших словах воно якось красивіше, еге ж? Жартую[13].

Сам термін «повноголосся» належить Михайлу Максимовичу, який уперше вжив його 1848 року у своїй науковій праці.

Н

Приголосний [н] і його м'який відповідник [н´] – не просто сонорні, вони ще й носові. Це означає, що їхня вимова передбачає участь носової по-

13 Насправді ні.

рожнини. Простіше кажучи: звук [н] ми вимовляємо через ніс. Якщо ви чули слово «прононс», то це якраз воно. Зазвичай під прононсом мають на увазі вимову на французький манер, але ми такий манер легко можемо сколотити, коли в нас нежить і закладений ніс.

Усе у ***н*** у принципі добре, живе собі, прононсить, так би мовити, нам на радість, але при цьому може трошечки життя наше грішне псувати. Бо любить подовжуватися. Це явище доволі *буде**нн**е* і цілком *збагне**нн**е*, але можна й повторити, особливо перед ЗНО. Важливо запам'ятати (хоч частини мови ми розглянемо в наступній книжці), що ***н*** подовжується передусім у прикметниках.

Отже, [н] і [н´] подовжуються:

- У прикметниках, що утворилися від іменників, корінь яких закінчується на *-н: де**н**ь – де**нн**ий, ви**н**а – ви**нн**ий, зако**н** – зако**нн**ий.*

- У прикметниках, що позначають збільшену чи згрубілу ознаку: *здорове**нн**ий, страше**нн**ий, силе**нн**ий, отаке**нн**ий.* Сюди ж зарахуємо і прикметник *стара**нн**ий* (до речі, а де в цьому слові наголос?).

- У прикметниках зі значенням можливості або неможливості дії, утворених за допомогою суфіксів *-енн(ий)*, *-анн(ий)*, *-янн(ий)*, на які падає наголос: *нездійсне́**нн**ий* і *здійсне́**нн**ий*, *невблага́**нн**ий* і *вблага́**нн**ий*, *незрівня́**нн**ий* і *зрівня́**нн**ий* (вдаймо, що слова *вблага́нний* і *зрівня́нний* в українській існують — для стрункості теорії).

Будьте уважні: якщо в останньому пункті наголос пересувається із суфікса деінде, слово перестає бути прикметником і починає бути дієприкметником. А в дієприкметниках **н** не подовжується! Порівняйте: *здійсне́**нн**ий* — той, якого можна здійснити (наприклад, *здійсненний план*); *здíйсне**н**ий* — той, який уже здійснився (наприклад, *здійснений момент*); *незрівня́**нн**ий* — той, якого ні з чим не зрівняти (наприклад, *незрівнянний Олег Винник*); *незрíвня**н**ий* — той, якого так і не зрівняли (наприклад, *з плінтусом*).

Та й загалом, навіть якщо наголос нікуди не пересувається, у дієприкметниках **н** усе одно не подовжується: *варе**н**ий*, *набра**н**ий*, *ора**н**ий*, *вилуче**н**ий*, *записа**н**ий*, *зробле**н**ий*, *зготова**н**ий*.

Раніше правопис трохи нас тролив і казав, що *священик* слід писати з однією **н**, а *священний* — з двома. Це було прикольно. Але новий правопис усі ці жартики-жартусики скасував і постановив: слово *священник* також писати з двома **нн**.

Шумні приголосні

Якщо у творенні звуків більше шуму, ніж голосу, вони називаються *шумними*. І такими є всі приголосні української мови, крім сонорних. У межах цієї категорії звуки поділяються ще й на дзвінкі та глухі. *Дзвінкими* є ті, у творенні яких беруть участь і шум, і голос, а *глухі* творяться лише за допомогою шуму. Ні, я не морочу вам голову. Так, можна спробувати вимовити дзвінкий ***ж*** і глухий ***ш***. То як? Де ви додаєте голос?

Зі школи ви можете пам'ятати, що дзвінкі й глухі приголосні між собою утворюють пари. А якщо не пам'ятаєте, то не страшно, я нагадаю:

Шумні приголосні	
Дзвінкі	[б], [д], [д'], [ґ], [г], [з], [з'], [ж], [дж], [дз], [дз']
Глухі	[п], [т], [т'], [к], [х], [с], [с'], [ш], [ч], [ц], [ц'], [ф]

Як бачимо, дзвінкої пари не має звук [ф]. Ви могли би заперечити, що таким для нього має бути приголосний [в], але не варто так відкрито шкваритися на тому, що початок цього розділу лишився нечитаним або ж читаним і не запам'ятованим: ***в*** не може виконувати такої ролі, бо він – сонорний і бавиться в іншій пісочниці.

Ф

А звук ***ф*** – узагалі один з найменш уживаних приголосних в українській мові. Це не тому, що він мені не подобається, якраз навпаки – форма в нього класна, та й походження назви букви, що його позначає, цікава. Літера в алфавіті називалася «ферт» – від наслідування звуку, який видає (фиркає) кінь. Проте [ф] справді не надто вживаний у нашій мові, бо не був притаманний слов'янським мовам від початку їх існування. Цей звук був запозичений з грецької, і саме тому в питомо українських словах не вживається, а є лише в іншомовних запозиченнях: ***ф**акт, сера**ф**им, теле**ф**он, **ф**ілосо**ф**ія*.

Чужий звук ***ф*** слов'яни часто замінювали на звичніші для себе ***п*** і ***х***, ось чому грецькі імена Φιλιππος і Ευφημιος у нас перетворилися на ***П**илипа* та *Ю**х**има*.

А ще ним передають грецький звук θ: ὀρθογραφία – *ор**ф**ографія*. Хоча в цьому питанні здавна не було єдиної думки, адже спрацьовував конфлікт інтересів між ***ф*** і ***т***: так, грецьке θεολογία ми вимовляємо як ***т**еологія*, а αἰθήρ – як *е**ф**ір*, хоча звук у мові, з якої запозичено ці слова, той самий. Український правопис від 1928 року бореться за послідовне вживання на місці грецького θ звичного нам ***т*** – звідси й славнозвісні *е**т**ери* і *ка**т**едри* на каналі СТБ, який узяв цей правопис за основу у своїх новинних текстах. У 2019 році нарешті було оголошено лінгвістичну перемогу: новий правопис узаконив уживання ***т*** у грецизмах. Тобто *етери* й *катедри* тепер – не екзотизми, а усталена норма. Але якщо у словах *дифірамб* і *анафема* ви вимовлятимете й писатимете ***ф***, то ув'язнень і штрафів не буде. Поки що. Мовний патруль лише починає (ф/т)ормуватися, тож трохи часу на о(ф/т)ормлення закордонного паспорта у вас є.

У питомих українських словах на місці потенційного звука **ф** уживається звукосполука ***хв***: *хвіртка, хвала, хвацький, хвилина*. Колись її вживали й у запозичених словах: *хвабрика, хварба, хвігура* – вони навіть зафіксовані у «Словарі» Грінченка, – проте таке використання від якогось часу стало вважатися просторіччям. Бо нібито освічені кола стверджували, що так кажуть лише селюки. Часто-густо прийом заміни **ф** на ***хв*** використовується в літературі як гумористичний, коли автор хоче подати персонажа як просторікуватого недоріку. Зізнаюся, що такий спосіб насмішити чомусь ніколи мене не веселив. Але що з мене взяти, у мене й почуття гумору немає.

Плутанина між звукосполукою ***хв*** і приголосним **ф** – наріжний камінь у розрізненні слів ***хвіртка*** і ***кватирка***. *Хвіртка* – це невеликі двері в паркані чи огорожі, які ведуть, наприклад, до хати. *Кватирка* – це невелика шибка у вікні, яку прочиняють, щоб у тій-таки хаті провітрити. У добу євровікон ми стали забувати про цей приємний бонус у вікнах, але чомусь не забуваємо плутати ***хвіртку***, ***кватирку*** і російську ***форточку***. Варто просто запам'ятати, що в українській мові російська ***форточка*** – це малесенька ***кватирка*** у невеликій квартирі без євровікон. Про ***хвіртку*** в цьому напрямку взагалі забудьте, усе одно ви до баби в село вже не їздите.

І про особливості вимови. В українській мові не буває... ні, не так: НЕ БУВАЄ випадків, коли б [ф] звучав наприкінці слова замість [в]: *любов* не звучить, як [*любоф*], *ходив* – не вимовляють, як [*ходиф*]. Якщо ви так робите, значить, як уже було сказано в першому розділі, на вас справляє вплив (не [*вплиф*]!) російськомовне середовище. Мовний патруль уже виїхав, шановні, у вас є десять хвилин на пригадування інформації про нескладотворчий **ў**.

Ґ

Ще один звук, який уживається передусім у словах іншомовного походження, – приголосний **ґ**. Проте, на відміну від **ф**, він усе ж таки властивий і українським словам, хоч і не багатьом: *ґава, ґазда, ґанок, ґедзь, ґніт, ґрати, ґрунт, ґудзик, ґуля, дзиґа, ґелґати* тощо.

Історія літери **ґ** в українській абетці доволі непроста. У праслов'янській мові звук [ґ], який вона позначає зараз, уживався на постійній основі, проте з часом, уже в давньоукраїнській, він перейшов у гортанний [г]. Однак цей перехід відбувся далеко не в усіх словах, та й запозичення вимагали розрізнення між дзвінким **ґ** і глухим **г**. Сама літера вперше трапляється в Пересопницькому Євангелії (XVI століття), а в XVII столітті Мелетій Смотрицький ввів її в алфавіт. Далі її почали широко вживати як аналог грецької гамми. У XIX столітті на Західній Україні було ухвалене рішення вживати **ґ** на позначення дзвінкого [g]. На початку XX століття ця традиція поширилась у працях науковців усієї України, послідовне вживання зафіксоване і в «Словарі» Бориса Грінченка, у пресі, листуванні видатних осіб тощо. Проте під час реформи українського правопису 1933 року літеру **ґ** було вилучено з української абетки з ідеологічних міркувань. Очевидно, розмаїття букв і звуків розглядалося як «украшатєльство» і «ізлішество», а треба бути скромнішим, щоб раптом не загриміти на Соловки. За звук [ґ] і літеру, яка його позначає, вписувалися Максим Рильський і Павло Тичина, наполягаючи, що вилучення було безпідставним. А от Юрій Шевельов чомусь стверджував, що цей приголосний українській мові невластивий.

Повернулася літера **ґ** на своє законне п'яте місце в українському алфавіті аж у дев'яностих роках минулого століття. І відтоді серед мовознавців, перекладачів, читачів і аматорів не вщухають суперечки стосовно передачі за її допомогою іншомовного звука [g]. Український правопис не наполягає, але традиція передачі (особливо у власних назвах) **g** як **ґ** набуває дедалі більшого поширення. Так, написанням *Гемінґвей*,

Вашинґтон, Ґданськ уже мало кого здивуєш, і це прекрасно. Головне – не передавати куті меду. Не варто пхати **ґ** туди, де він не усталився: казати *ґазета* замість *газета*, *реґіон* – замість *регіон* чи *ґенерал* замість *генерал*. У цьому немає потреби і це ніяк не приведе нас до колонізації Марсу. Навіщо витрачати ресурс і запал там, де це зайве, якщо можна зосередитися на корисніших речах? Наприклад, запам'ятати слова, де **ґ** вживався споконвіку. Їх небагато – якихось кілька сотень.

Губні приголосні

Другий критерій поділу приголосних – місце, де вони творяться. Мовні органи можуть бути активними (рухаються) і пасивними (не рухаються), і саме активність визначає тип приголосного звука. Словом, в українській мові основних активних органів небагато: губи, язик і гортань (глотка). Зуби – пасивний орган! Вони не рухаються! Чесно, якби вони рухалися, це було б гідне кінострічок Альфреда Хічкока явище. Отже, зуби, тверде піднебіння, альвеоли є пасивними і допомагають активним органам творити окремі звуки.

Відповідно, якщо звук творять губи, він називається *губним*. У нас є такі губні приголосні: **б,**

п, в, м, ф. Зауважте, що в них немає м'яких аналогів, бо вони настільки суворі, що можуть бути лише пом'якшеними, але не м'якими. В українських словах губні пом'якшує голосний звук [і]: *біля, після, вітер, мірило, фіранка*. В іншомовних словах вони також бувають пом'якшеними завдяки ***ю*** та ***я***, що позбулися звука [й]: *бюро, пюре, бязь, фюзеляж*. Проте в решті випадків вони тверді, а це означає, що після них не може стояти м'який знак (знову йому не пощастило), натомість ліпшим другом для них є апостроф. Просто він класний, з ним усі хочуть дружити (крім ***л***, є підозра, що в нас обох характери не дуже).

Попри те що губних приголосних мало, вони все одно поділяються на дві дрібніші групи. Якщо в їх творенні беруть участь лише губи, вони називаються *губно-губними* (багато губ не буває!); якщо губи й зуби — *губно-зубними*.

Губно-губні — це ***б, п,*** і ***м***. Вйо до них.

Б і П

Б і ***п*** — це класичний приклад пари «дзвінкий-глухий». Якщо ви втрапите в ситуацію між життям і смертю й усе залежатиме від того, чи зможете ви навести приклад дзвінкого та глухого приголосних, знайте: ***б*** і ***п*** завжди поряд і готові виручити вас (за невеликий кеш. Жартую[14]). «Ми з Тамарою ходимо парою», – це про них.

Звук [б] є дзвінким, тому що при його творенні долучається голос. У [п] такого привілею немає, він твориться лише за допомогою шуму.

Попри те що ці губно-губні звуки виступають у парі, в абетці їхні літери посідають віддалені позиції: ***б*** сидить на другому місці, а ***п*** – на двадцятому. Друге місце літери ***б*** таке звичне, що нею навіть позначають «другий» за порядком елемент. Якщо ви вчилися в дев'ятому «Б», то вам має бути знайомий цей біль: «А» завжди перші, а «Б» чомусь таке шось, не дуже. Про двадцяте місце літери ***п*** чомусь ніхто не згадує, але було б цікаво, певно, повчитися в дев'ятому «П».

Хоч ***б*** і ***п*** працюють у парі, вони не взаємозамінні. Тобто якщо у слові ***б*** замінити на ***п*** і навпаки – утвориться нове слово, порівняйте: ***б****ар* – ***п****ар*, *гри****б*** – *гри****п***, *роз****б****ирати* – *роз****п****ирати*, *від****б****ити* – *від****п****ити*, *бук* – ви зрозуміли.

Є мови, наприклад, російська, де [б] у кінці слова оглушується й звучить як [п]. Запам'ятайте: в українській мові це абсолютно, категорично НЕ допускається. Не можна казати *рап* замість *раб*, *вигріп* замість *вигріб* і *дуп* (перепрошую) замість

---

14 Насправді ні.

дуб[15]. Українська вимова передбачає, що звук ***б*** у кінці слова звучить дзвінко, артикулюється чітко і на роботу, на відміну від нас, не спізнюється.

Не намагайтеся подвоїти ***б*** у слові *субота*. Просто повірте мені: не варто. Бережіть себе.

М

Особливість губного ***м*** у тому, що він — носовий. Ні, ну правда, чого ви нервуєте? Що тут такого — губний носовий! Зараз так усі роблять! Насправді при творенні цього звука видихуване повітря проходить не через ротову, а через носову порожнину. Саме тому він зветься носовим. Проте і губи не пасуть задніх: якщо ми їх не зімкнемо, то приголосного [м] не вийде.

Вам, певно, хочеться спитати — а який звук виступає в парі з ***м***? Не раджу. Не наражайтеся на небезпеку. Мовний патруль і я попереджаємо: нечитаний початок третього розділу шкодить вашому здоров'ю. Саме там зазначено, що ***м*** — сонорний. У нього немає пари. Він самодостатній і заробляє доволі, аби забезпечувати свій добробут самостійно.

---

15 Вимовляння *Дупчак* замість *Дубчак* карається законом!

Мама, баба і... папа?

Приголосні ***б, п*** і ***м*** – звуки, які після ***ґ, к*** і ***х*** опановує немовля, коли вчиться говорити (***ґ, к*** і ***х*** звучать у славетному *аґу*, яке може бути і *аку*, і *аху*). Усе дуже просто: вимова губних проривна й коротка, тому малюк не мусить докладати надмірних зусиль, коли їх проказує. Та й загалом вони належать до перших несвідомих приголосних звуків, які дитині даються найлегше. Звісно, *мама* як перше слово маленької людини – це красиво, романтично і зворушливо, але, щиро кажучи, це не завжди усвідомлена вимова. Просто це легко сказати, так само як і *баба*. І *папа*. Так, у цьому віці малюк ще має право таке говорити, це вже потім, років у вісімнадцять, за привезене з Києва слово *папа* можна буде й вихопити. А поки дозвольте йому побути національно несвідомим.

В

Приголосний ***в*** є губно-зубним, але не зовсім. Тобто він буває і губно-зубним, і губно-губним, залежно від настрою. А що такого, ми живемо у вільній країні, і ніхто не може обмежити нашого прагнення в різнобічному самовираженні. У нас навіть наголос вільний, то що тоді казати про приголосний звук.

Місце творення приголосного ***в*** залежить від його місця в слові. Якщо ***в*** стоїть перед ***і*** чи ***а***, він точно губно-зубний. Спробуйте вимовити: ***ві****тер*, ***ві****ник*, ***ва****та*, *глуху****ва****тий*, *пере****ві****зник*, *перепра-*

ва – і зауважте, що при вимові зуби верхньої щелепи торкаються нижньої губи. Саме тому він і називається в таких випадках губно-зубним.

А якщо ***в*** стоїть перед ***о, у, е, и*** – він зазвичай губно-губний. Вимовіть: ***во**вна, **во**да, молода **во**вчиця, **ву**хо, **ве**чір, **ви**дно, Олег Анатолійович **Ви**нник, **ви**соко*. Що там у вас відбулося? Що брало участь у творенні? Губи й зуби чи тільки губи? Якщо були задіяні зуби, знайте: це не смертельно, але взірцева українська вимова передбачає, що мали би бути тільки губи. Попрактикуйтеся, воно бадьорить.

Але й це ще не все про вимову приголосного ***в***. Пам'ятаєте жахунчики про нескладотворчий ***ў***? Це коли звук перебуває на межі між голосним ***у*** і приголосним ***в***.То ***в*** це теж стосується. Ба більше, він регулярно таким і є:

- на початку слова перед приголосними: *впихати [ўпихати], вдень [ўден'], втерти [ўтерти]*;

- у кінці слова після голосного: *постав [постаў], лев [леў], знов [зноў]*;

- у середині слова після голосного перед приголосним: *завжди [заўжди], рівно [ріўно]*.

Ми вже говорили про це, коли розглядали голосний ***у***: еталонна українська вимова передбачає, що саме такий звук – нескладотворчий **ў** – має звучати в перелічених позиціях замість **ф**, якого нав'язує російськомовне середовище. Проте не засмучуйтеся наперед, цілком імовірно, що ви якраз і вимовляєте правильно. Зазвичай це відбувається несвідомо. Губи пам'ятають не лише палкі поцілунки юності, вони ще й вимову правильну знають.

Подвійна робота літер б і в

Літери **б** і **в** позначають губні звуки, проте це не єдина їхня роль в українській мові. Вони також можуть бути окремими словами. Так, **б** виконує роль частки і бере участь у творенні умовного способу дієслів: *співала* (*вранці у ванній* – дійсний спосіб) – *співала* **б** (*вранці у ванній, якби була гаряча вода* – умовний спосіб); *пила* (*апельсиновий фреш* – дійсний спосіб) – *пила* **б** (*апельсиновий фреш, якби він був брютом* – умовний спосіб). А **в** виступає прийменником і разом з іменником може вказувати на напрямок дії: *ходімо* **в** *бар*; місце: *краще посидьмо* **в** *ресторані*; і початок дії: *ударитися* **в** *сльози*, *пуститися* **в** *танець* (залежно від розвитку подій у барі чи ресторані).

Язикові приголосні

Із самої лише назви можна легко зрозуміти, що у творенні таких приголосних бере безпосередню участь *язик*. А оскільки він найгнучкіший, найактивніший, найвибагливіший, то і звуків, які він допомагає утворити, найбільше. Язикові приголосні в межах своєї категорії поділяються на групи – залежно від того, яка частина язика працює, коли вони виходять назовні з нашого мовленнєвого апарату: *передньоязикові* (гарує кінчик язика), *середньоязиковий* (активізується середня частина) і *задньоязикові* (задіяна спинка язика). У творенні таких приголосних беруть участь і зуби, і піднебіння, і альвеоли. Проте оскільки вони не рухаються, їх називають *пасивними*. Що ж, нехай будуть пасивними, аби лише не виявляли до нас пасивної агресії.

Передньоязикові приголосні

Їх найбільше, і це не дивно – різноманітних звуків язик може напродукувати багато, бо він, як відомо, без кісток. Насправді цей факт не надто пояснює здатність цього органа утворювати різноманітні приголосні (та й голосні), але гнучкість кінчика язика таки сприяє фонетичному різнобарв'ю будь-якої мови.

До передньоязикових приголосних української мови належать ***д, д', т, т', з, з', с, с', ц, ц', дз, дз', ж, ч, ш, дж, л, л', н, н', р, р'***. Деякі з них ми вже розглянули, а саме: сонорні ***л, л', н, н', р, р'***. І навіть не намагайтеся зараз заплутатися: сонорні звуки ми виділяємо в окрему групу за акустичними характеристиками, а передньоязикові – за місцем творення. Ніщо не може завадити сонорним приголосним утворюватися за допомогою кінчика язика, ніщо!

Поки ви шукаєте, чим мене стукнути, я ще трохи ускладню. Передньоязикові поділяються на дві підгрупи: альвеолярні і зубні. Словом, усі, крім ***ж, ч, ш, дж***, – зубні. Це означає, що при їх творенні кінчик язика торкається зубів. А от ***ж, ч, ш, дж*** так не утвориш. Не будемо заглиблюватися у фізіологію і з'ясовувати, що таке альвеоли, просто спробуйте вимовити ***ж, ч, ш, дж*** – і переконаєтеся, що зуби там точно не задіяні.

Передньоязикові несуть багато несподіванок у вимові. На відміну від решти приголосних, які ми вже розглянули, ці дуже гнучкі й постійно прагнуть спроститися, хоча може здаватися навпаки – нібито вони тільки й чигають на нас, аби ускладнити нам життя. Така версія теж має право на існування, але інших передньоязикових у нас для вас немає.

Д і Т

Якщо раптом так сталося, що Земля налетіла на небесну вісь і ви не змогли пригадати класичної пари «дзвінкий-глухий», яку утворюють ***б*** і ***п***, не засмучуйтеся. Ще одним класичним прикладом такої міцної дзвінко-глухої дружби є приголосні ***д*** і ***т***.

Вони так само різняться за наявністю/відсутністю голосу: під час творення звука [д] він є, а при творенні [т] – його немає. І так само не взаємозамінні, порівняйте: ***д****уша* – ***т****уша*, ***д****іло* – ***т****іло*.

Подібно до губного [б], дзвінкий зубний [д] наприкінці слова чи складу не оглушується і не наближається до [т]: *горо****д***, а не *горот*, *ві****д****крити*, а не *віткрити*, *ві****д****творювати*, а не *вітворювати*.

А от [т] цілком може одзвінчуватися й наближатися до [д], якщо у слові є дзвінкий приголосний. Ось чому ми кажемо не *отже*, а [*о****д****же*], не *мабуть*, а [*мабу****д****´*], не *боротьба*, а [*боро****д****´ба*]. Важливо розуміти, що асиміляція (так, знову це слово!) за дзвінкістю властива лише вимові, на письмі ***т*** залишається ***т***. Як там у математиці кажуть? Два пишемо, три в умі? Тут те саме: ***т*** пишемо, ***д*** в умі (вимовляємо). Від цього моменту ми починаємо говорити про одзвінчення глухих приголосних як характерну рису української мови. Не любить вона глухоти, а от дзвеніти в наших спраглих вустах – цілком.

І є в ***д*** і ***т*** ще одна ознака, губним звукам не притаманна, – вони можуть подвоюватися і подовжуватися[16]. Це значить, що в якийсь момент літер ***д*** чи ***т*** у слові стає дві, а вимова позначених ними звуків подовжується (це теж можливо, хоч вони й приголосні): *прила**дд**я* [*прилад´:а*], *ста**тт**я* – [*стат´:а*], *лата**тт**я* – [*латат´:а*]. Це трапляється:

- коли звуки збігаються на межі префікса й кореня: *ві**дд**ати, ві**дд**іл, пі**дд**ашшя*;

- коли звук ***д*** чи ***т*** потрапляє між двох голосних: *знаря**дд**я, жи**тт**я, прила**дд**я, угі**дд**я, почу**тт**я, відкри**тт**я, су**дд**я, ста**тт**я*. Якщо при зміні слів ці приголосні лишаються між двох голосних, подовження теж зберігається: *почу**тт**ів, відкри**тт**ям, су**дд**ями, ста**тт**ями*. А якщо один голосний випадає, то за ним випадає й один приголосний: *знаря**д**ь, угі**д**ь*.

16 Подвоєння і подовження – різні поняття. Приголосний подвоюється при збігу різних частин слова, наприклад, префікса і кореня (*під-дослідний*). А подовження – це явище, коли приголосний опиняється між двох голосних (*угіддя*). Але це розрізнення суто теоретичне, на практиці ми маємо дві однакові літери на письмі і подовжений звук у вимові.

І ще дещо, що ми так любимо, – виняток. Попри те що в родовому відмінку слова *стаття* приголосний ***т*** продовжує лишатися між двох голосних, подовження не зберігається: *ста**т**-**т**я – ста**т**éй*. На жаль, пояснення такому винятку я не знайшла. Очевидно, це для того, щоб тримати нашу пам'ять у тонусі.

Також подовження немає у словах *ку**т**я*, *попа**д**я*, *тре**т**я* і *тре**т**є*. Пояснення знаю, але вам не скажу. Пам'ятаєте, що в мене характер не дуже?

Варто наголосити на вимові м'яких приголосних [д´], [т´]. Не намагайтеся додавати туди свистячий призвук, властивий, наприклад, білоруській вимові, – тобто дзенькати чи ценькати: ***т**іло*, а не *ціло*, ***д**іти*, а не *дзіти*. Воно, безперечно, красиво, але не про нас. У нас такого немає і близько, зазвичай за цими ознаками ми ідентифікуємо іноземця з північних слов'янських земель. На факультетах української філології за спроби дзенькати й ценькати виписують наряди поза чергою і призначають виправні роботи, хоча яке їм там дзіло, от чесне слово.

З[17] і С

Зараз трохи стишуймо голос, вмикаймо шанобливий тон і знімаймо капелюха, бо ми знайомимося з авторитетами, які тримають у напрузі чи не всі приголосні району. Їхній потенціал такий потужний, що вони постійно схиляють то до уподібнень, то до змін, то до чергувань. Словом, вони сильні, негнучкі й зухвалі.

Звуки **з** і **с** належать до свистячих. Певно, пояснювати таку назву немає потреби, бо вимова говорить сама за себе. Свистячими в українській мові є ***з, з´, с, с´, ц, ц´, дз, дз´***.

З і ***с*** так само, як і звуки з попередніх параграфів, утворюють пару «дзвінкий-глухий». Проте в цій парі глухий **с** такий суворий, що навіть примушує підкоритися дзвінкий **з**, ба більше, це ще й позначається на письмі! Це буває тоді, коли вони зустрічаються в *кафе «Птах»*. Саме в цьому словосполученні відображені приголосні звуки, перед якими префікс **з** переходить у **с**: ***к, ф, п, т, х***. Отже: ***с****казати,* ***с****питати,* ***с****творити,* ***с****фотографувати,* ***с****хотіти.* Решти приголосних це не стосується, саме тому: ***з****ліпити,* ***з****дерти,* ***з****бирати,* ***з****віряти,* ***з****ганяти,* ***з****могти,* ***з****розуміти,* ***з****но-*

---

17 Збіг дзвінкого свистячого зубного передньоязикового звука [з] з політичними алітераціями на прізвище голови держави – випадковий! **З** ні в чому не винен!

сити, ***з****садити* (так-так, тут вони обидва, і доволі непогано почуваються разом), ***з****цідити*, ***з****чесати*. Вважаймо, що коли **с** запрошує **з** в *кафе «Птах»*, той відчуває, що справи кепські, і мімікрує під **с**. Проте на інших територіях він почувається вільно і виступає в усій своїй зе-красі (о Господи, я зовсім не те мала на увазі!).

З теж багато працює (і він не президент)

Літера **з**, так само як **б** і **в**, в українській може бути окремим словом. Вона виконує роль прийменника, що може означати: а) напрям руху чи походження «звідки»: *Він їде* **з** *Черкас, Я* **з** *Києва* (чесно!); б) склад, будову чогось: *салат* **з** *огірків і помідорів, пальто* **з** *кашеміру*; в) зв'язок із кимось/чимось: *Олена дружить* **з** *Вікою, а Віка не дружить* **з** *Оленою*.

Крім названих розборок у *кафе «Птах»*, **з** і **с** між собою більше не конкурують. У решті випадків **з** твердо тримає свої позиції. Тому в префіксах *роз-* і *без-* він ніколи, чуєте, ніколи не змінюється на **с**: *ро****з****казати* (хоча ***с****казати*), *ро****з****хвалити* (хоча ***с****хвалити*), *ро****з****питати* (хоча ***с****питати*), *ро****з****хотіти* (хоча ***с****хотіти*); *бе****з****перечно* (хоча ***с****перечатися*), *бе****з****конфліктно* (хоча ***с****конфліктувати*), *бе****з****турботний* (хоча ***с****турбувати*).

У вимові **з** не оглушується й не звучить подібно до **с**. Таке вже в них, дзвінких приголосних, правило: роби шо хоч, а не втрачай форми, будь дзвінким до кінця днів своїх, і нині, і прісно, і на-віки вічні. А от навпаки – одзвінчитися глухому – це будь ласка, це ми завжди готові. Ось тому глухий **с** звучить подібно до **з** у словах, де є дзвінкий приголосний: *просьба* звучить як [*проз´ба*], *ось де* звучить як [*оз´де*], *ось чому* – як [*оз´чому*]. У цьому зв'язку диктори, актори, радіо- і телеведучі дуже цінують такий вислів, як *запис дубля*. Але ми не будемо писати транскрипції цього феєричного одзвінчення. Нехай це лишається на їхній совісті. І на совісті приголосного **с**, бешкетника такого.

Приголосні **з** і **с** теж можуть подовжуватися за тих самих умов, що й ***д*** і ***т***:

- при збігу префікса й кореня: *ро**зз**броєний*, *бе**зз**містовний*, ***зз**овні*;

- між голосними: *пони**зз**я*, *моту**зз**я*; *коло**сс**я*, *воло**сс**я*.

Усі чекають, коли вже будуть випадки, за яких **з** і **с** змушують інші приголосні змінюватися й підлаштовуватися. І вони будуть, наготуйте заспокійливі.

Ц

Приголосний **ц** також непростий. Як і **з** та **с**, він змушує уподібнюватися до себе звуки при вимові, але про це трохи згодом.

Звук **ц** є, прости господи, *африкатом*. Але не через африканське походження, а тому, що з латини *affrico* – означає «притирати». У звучанні звука [ц] притерлися два приголосних: [т] і [с], які вимовляються нерозривно. От скажіть уголос: *цілий, царство, центнер* – і ви обов'язково їх почуєте. Правда, тепер вас тсікавить питання, як тсе розчути, але тсілковито тсе вже неможливо. Африкат **ц** в українській мові не один, вам точно має бути відомий щонайменше ще один (навіть у цьому реченні він є). А загалом їх у нас, разом із м'якими варіантами, шість. До них ми також дійдемо.

Ц – глухий приголосний, а його дзвінкою парою є африкат ***дз***. Проте для останнього в українській абетці букви не залишили, хоча в кирилиці вона була. Її називали «дзіло», і позначала вона м'який варіант ***дз´***. З-поміж кириличних алфавітів дзіло збереглася в сучасному македонському.

В українській мові приголосний **ц** здебільшого м'який, на відміну від, скажімо, російської: *вули**ц**я, **ц**ятка, **ц**ілий, ки**ц**ька, коріне**ц**ь, молоде**ц**ь*. Проте в запозичених словах часто буває твердим: *пала**ц**, **ц**арина, абза**ц**, **ц**едра, **ц**епелін*. Перед ***е*** та ***и*** приголосний ***ц*** твердий завжди: ***це**гла*, а не *цєгла*, ***ци**м*, а не *цім*.

Особливість приголосного ***ц*** в тому, що вимовляємо та чуємо ми його значно частіше, ніж пишемо. Він такий собі сірий кардинал української літературної вимови. Зараз поясню, що це означає.

По-перше, він звучить тоді, коли в слові чи на стику слів поряд опиняються ***т*** і **с**. Наприклад, пишемо слово *бага**тс**тво*, однак вимовляємо [*бага**ц**тво*], пишемо *сирі**тс**тво*, а вимовляємо [*сир´і**ц**тво*].

По-друге, він подовжується, коли опиняється поряд із ***т***, при цьому ***т*** з вимови зникає: пишемо *копи**тц**е*, вимовляємо [*копи**ц:**е*], пишемо *болі**тц**е*, кажемо [*бол´і**ц:**е*].

По-третє, і поки найважливіше: він вимовляється в дієсловах, що закінчуються на *-ться*. Тобто літературна українська вимова передбачає, що на місці *-ться* в дієсловах на кшталт *сміє**ться**, розвіє**ться**, насни**ться**, перемеле**ться*** в кінці звучить саме подовжений м'який [ц´:] — *сміє[**ц´**:]а, розвіє[**ц´**:]а, насни[**ц´**:]а, перемеле[**ц´**:]а*. А може, у вас і траплялося, що під впливом вимови ви так і писали: *смієцця, розвієцця, насницця, перемелецця*? Бо філологи регулярно так роблять, це в них жарти такі. Ну, у них гумор загалом специфічний. Тож якщо траплялося, то це тому, що **ц** міцно засів у нашій уяві і керує правописом.

По-четверте, м'який **ц´** подовжується, якщо біля нього опиняється **ч**: *ка**чц**і – [ка**ц**´:і]*, на *тачці – [на та**ц**´:і]*. Приголосний **ч**, зрозуміло, при цьому встає і виходить. Виходить він і тоді, коли потрапляє у сполуку із **с**. Тобто на письмі лишається, але у вимові замість нього звучить усе той самий **ц**: *не мучся* – звучить як [*не муц´с´а*], *поплачся* – як [*поплац´с´а*]. До речі, рекомендую поплакатися зараз, бо вам може здаватися, що це все занадто складно для розуміння. А насправді можна навіть припустити, що ви саме так і вимовляєте, навіть не замислюючись про це. Не любить наша мова складних звукосполук, тому й спрощує їх під час вимови. Наші мовленнєві апарати теж їх не люблять, до речі.

Усі наведені приклади – це результат уподібнення, тобто асиміляції, яку ви вже встигли полюбити, слабших звуків до сильнішого. Як кажуть психологи, це нормально.

Часом уподібнення так міцно закріплюється в мові, що його результат починає відображатися на письмі. Цей результат ми називаємо чергуванням, але про це поговоримо в розділі 6.

Ж і Ш

А тепер ми познайомимося з приголосними, які, навпаки, у вимові здебільшого виявляють шанобливість і схиляються перед сильнішими. І дуже полюбляють уподібнитися й не відсвічувати.

Пара «дзвінкий-глухий» ***ж*** і ***ш*** належить до шиплячих, і тут так само, як зі свистячими, походження назви навряд чи треба пояснювати. Шиплячими в українській мові є ***ж, ш, ч, дж***. Як і губні, ці приголосні суворі й не мають м'яких відповідників, бо є зазвичай твердими: ***ж****ерех, ка****ш****а,* ***ч****ита****ч****,* ***ч****ере****ш****ня,* ***дж****ем,* ***дж****міль*.

Шиплячі можуть хіба лише напівпом'якшуватися перед [і] (ви звернули увагу, що ***і*** загалом здатен пом'якшити будь-який приголосний звук? От у кого треба повчитися тактовності й емпатії): *ме****жі****, но****жі****, товари****ші****, су****ші***.

Також їх можуть пом'якшувати ***я, ю, є,*** що втратили звук [й], але фішка в тому, що за це вони змушують шиплячі подовжитися, порівняйте: *сумі****ш*** – твердий [ш], *сумі****шш****ю* – пом'якшений, але і подовжений [ш':]; *рі****ч*** – твердий [ч], *рі****чч****ю* – пом'якшений подовжений [ч':].

Про м'який знак біля шиплячих і мови бути не може (пробач, бро). Тому зважайте, не надумайте писати *знаєшь* чи *виріжь*. Нічого доброго це не віщує.

І навіть апостроф з ними майже не вживається, хоча це хлоп із тим ще твердим характером. Інколи він пишеться при шиплячих у словах іншомовного походження: *кеш'ю, Руж'є* (це не ружжо, не ружйо і не рижйо, так називається місцевість у Франції).

Тепер ближче до уподібнення. О-о, тут у шиплячих просто неоране поле для розвою. І, знову ж таки, прочитавши основні випадки асиміляції ***ж*** і ***ш***, не засмучуйтеся, бо це нібито складно, незрозуміло і загалом нереально. Ваша вимова сама дає собі із цим раду. І навіть якщо не дає (у що важко повірити), то після прочитання ви точно зрозумієте, про що йдеться.

1. Коли ***ш*** стоїть після ***с***, він подовжується. ***С*** при цьому виходить перекурити: *despite* *вирі**сш**и* – [*вир´і**ш:**и*], *ма**сш**табний* – [*ма**ш:**табний*]. Та сама історія з приголосними ***ж*** і ***з***. Коли ***ж*** стоїть після ***з***, він подовжується, а ***з*** іде за ***с*** у курилку: *зжовкнути – [ж:]овкнути, безжалісний – бе[ж:]алісний.*

Авжеж, якщо ваша вимова така загрозлива, що ви з легкістю й мимохіть вимовляєте [*ма**с**штабний*] і [***з**жовкнути*], я винна вам брют. І вечірку на вашу честь. Питимемо шампанське й змагатимемося, хто довше зможе артикулювати приголосний ***с*** у слові *масштабний* і ***з*** у слові *зжовкнути*. Має бути цікаво.

2. Навпаки, коли **ш** стоїть перед **с**, на перекур виходить **ш**, а **с** – подовжується: *милує**шс**я* – *[милуйе**с´:**а]*, *береже**шс**я* – *[береже**с´:**а]*. Це той момент уподібнення шиплячого **ш** до свистячого **с**, який зазвичай серед дикторів проходить класичний цикл: «заперечення – гнів – торг – депресія – прийняття». Чесно, це завжди так. У вас теж, мабуть, так буде. Але ви приймете цей факт: немає в українській літературній вимові закінчення *-шся* в дієсловах другої особи, тільки подовжений м'який [с´:]. Серед двохсот сорока двох читачів цієї книжки сто відсотків знайдуться ті, хто грішили написанням типу *знущаєсся*, *казисся*, *веселисся*. Принаймні двохсот сорок другий (не)читач, той, що пан-аграрій, точно може таким похвалитися. Це саме той випадок, коли на письмі шиплячий є, а у вимові його немає.

3. Третій пункт уже має зайти трошки легше. Якщо **ш** стоїть перед **ц**, у вимові він уподібнюється до **с**: *на до**щц**і* – *на [до**сц´**і]*, *у рома**шц**і* – *у [рома**сц´**і]*, *брют у пля**шц**і* – *брют у [пл´а**сц´**і]*. Якщо **ж** стоїть перед **ц** *або* **с**, він уподібнюється до **з**: *на стру**жц**і* – *на [струзц´і]*, *на сму**жц**і* – *[на смузц´і]*, *нава**жс**я* – *[нава́**зс´**а]*. Чи ви ще на стадії гніву й не хочете про це говорити? Ну, гаразд. Скажете, коли будете готові.

4. А я поки довикладаю всі козирі на стіл. Якщо ***ш*** стоїть після ***з***, то ***з*** у вимові уподібнюється до ***ж***: *виві**зш**и – [виві**жш**и], залі**зш**и – [зал´і**жш**и].*

5. Якщо ***ш*** стоїть після ***т***, то ***т*** у вимові уподібнюється до ***ч***: *бага**тш**ати – [бага**чш**ати].*

Ми закінчили розглядати вимову шиплячих ***ж*** і ***ш***, але на цьому страждання не закінчуються. Далі в нас не менш шиплячий і не менш цікавий ***ч***, який також може вас здивувати. Тримайтеся!

Ч

Приголосний ***ч*** входить до когорти непростих. Він і уподібнюється, і уподібнює, і чергується, і красується, і милується.

Та про все поступово. По-перше, як і ***ц***, ***ч*** – глухий і так само виступає в парі зі звуком, для якого немає букви в українській абетці, – із дзвінким ***дж***. І він також є африкатом, бо в його вимові, хоч і не так виразно, як у ***ц***, «притерто» два звуки: ***т*** і ***ш***.

Важливо, що ***ч*** в українській літературній вимові твердий. Ні, ви не зрозуміли, він реально твердий. Дуже твердий. Твердіше не придумаєш. Це означає ***ча**сто*, а не *чясто*, ***че**шеш*, а не *чєшеш*, ***чу**ти*, а не *чюти*. Розумієте, про що я? Спробуйте вимовити наведені слова без анінайменшого призвуку м'якості. Вам може здатися, що це неприродно, але якраз навпаки: це – природно. Неприродно пом'якшувати **ч** так, як ми звикли в русифікованих містах. Тому: ***ча**шка*, ***че**сно*, ***чу**тка*, ***чи**сто*.

Так само, як і решта шиплячих, **ч** може лише напівпом'якшуватися, знову-таки, при нашому емпатичному [і]: *очі, течія, чіабата*.

І, подібно до ***ж*** і ***ш***, приголосний **ч** напівпом'якшується нейотованими ***я, ю, є*** взамін на подовження. Порівняйте: *рі***ч** – твердий приголосний, дуже твердий, мегатвердий, не *річь*! Але *рі***чч***ю*, подовжений і напівпом'якшений приголосний – *рі[***ч´:***]ю*. Те саме з *обли***ччя***м*. Так-так, у слові *обличчя* саме ***я*** в кінці. Бо якби там було ***а*** (яке так хочеться вписати, еге ж?), то **ч** був би твердим і одним-однісіньким: *облича*. Але такого слова в українській мові немає.

Мені прикро казати це, але ми мусимо перейти до уподібнень. Не плачте, не треба. Зберіться, адже уподібнення самі про себе не прочитають. Ви мусите.

Отже, поїхали.

1. Сполучення ***д + ч*** у слові вимовляється як [*джч*]: *ві***дч***инити – ві[***джч***]инити.*

2. Сполучення **з + ч** вимовляється як [жч]: ***зч**истити – [**жч**]истити, бе**зч**есний – бе[**жч**]есний.*

3. У сполученні ***т*** + **ч** приголосний **ч** подовжується, ***т*** виходить з класу: *ві**тч**изна – ві[**ч:**]изна, кві**тч**астий – кві[**ч:**]астий.*

4. Якщо на підтримку ***т*** прийшов **с** і утворилося сполучення *стч*, приголосний **ч** вкладає обох – і вони звучать як [ш]: *неві**стч**ин – неві[**шч**]ин.*

5. У попередніх чотирьох випадках **ч** перемагав і уподібнював до себе, проте є й випадки, коли він уподібнюється сам. Пам'ятаєте про свистячі, які тримають у напрузі район? То це **с** наполегливо рекомендує **ч** трошки заспокоїтися. Якщо **ч** стоїть перед **с**, він звучить як м'який [ц´]: *моро**чс**я – моро[**ц´**]ся, виплачся – випла[**ц´**]ся, позна**чс**я – позна[**ц´**]ся.*

6. Якщо **ч** стоїть біля м'якого **ц´**, то він зливається з ним і звучить як подовжений м'який [ц´:]: *до**чц**і – до[**ц´:**]і, хусто**чц**і – хусто[**ц´:**]і, у бо**чц**і – у бо[**ц´:**]і, у сумо**чц**і – у сумо[**ц´:**]і.*

І ще один момент. Ви могли чути, — або й самі так вимовляєте, — що в словах *соня**ч**ний*, *моло**ч**ний* і подібних звучить не **ч**, а **ш**, тобто *соня**ш**ний*, *моло**ш**ний*. Це не помилка. Це, як кажуть педіатри, варіант норми.

Не забувайте: усе це відбувається ЛИШЕ у вимові, на письмі ці процеси не фіксуються. А я припиняю рвати шаблони. Можливо, ви хочете побути на самоті після цього всього?

Щ

Літера **щ** дасть змогу трохи розслабитися. Бо вона є поєднанням звуків, які ми вже розглянули, — **ш** і **ч**, і лишається такою за будь-яких обставин, за будь-якого оточення і за будь-якої позиції в слові. Тобто хай де вона стоятиме — на початку слова (***щ**ука*, ***щ**огла*, ***щ**ирий*), у середині (*ні**щ**о*, *ві**щ**ий*) чи в кінці (*при**щ***, *сви**щ***, *клі**щ***) — вона незламно складатиметься з двох звуків, [ш+ч].

Шта?

Дивовижно, але літера **щ** майже не змінилася від часів своєї появи в кирилиці, тільки хвостик був не з правого боку, а посередині. І називалася вона «шта». Не тому, що не розуміла, що коїться, а через те, що від початку поєднувала в собі звуки [ш] і [т]. Із часом приголосний [т] перейшов в українській мові в [ч].

Вимова **щ** проста, якщо ви пам'ятаєте хоч щось після асимілятивної вакханалії шиплячих про вимову **ч**: оскільки в **щ** кінцевим звуком є якраз **ч**, то вимова має бути твердою. Дуже твердою — 2. Твердіше не придумаєш — 2. Тобто не *щьока*, а *ш**чо**ка*, не *щюр*, а *ш**чу**р*, не *щезнути*, а *ш**че**знути*.

Добра новина (так, їх ще трохи є): після **щ** не пишеться ані м'який знак, ані апостроф. Не треба воно їй, і так непогано живеться.

[д͡ж] і [д͡з]

Аж ось ми нарешті дісталися звуків української мови, які є, а літер для них — немає. Приголосний звук [д͡ж] є дзвінкою парою для глухого шиплячого [ч], а [д͡з] і [д͡з´] — для глухих свистячих, відповідно, [ц] і [ц´]. Якщо (ми вже згадували) для [д͡з] літера в кирилиці була, то для [д͡ж], на жаль, не було і не передбачається.

Чесно кажучи, для цих звуків у транскрипції є окремі знаки, але я вам про них не розповідатиму. Не завезли ще в Україну таких заспокійливих.

Особливістю ***дж*** і ***дз*** є те, що вони прямо протилежні до **щ** у своїй суті. В одній літері **щ** міститься два звуки, а у двох літерах ***дж*** і ***дз*** міститься по одному звуку. Справді, хоч літер і дві, але звук — один, він вимовляється суцільно і поривчасто.

Буквосполучення двох літер, яке позначає один звук, називається *диграф*. В англійській вони теж є — і багато: наприклад, ненависне нашому слов'янському серцю міжзубне ***th***, а ще ***gh***, ***ph*** і навіть ***zh***, для якого в нас є гарнюща жукоподібна ***ж***.

І як же вони звучать? Ви колись косплеїли звук електрогітари? Ви точно колись косплеїли звук бас-гітари. *Дж-дж-дж-дж-дж-ри, дж-дж-дж, дж-дж-дж.* (Це AC/DC, раптом не впізнали). Ось це і є звук [д͡ж].

Для відтворення звука [д͡з] можна закосплеїти москаля: *Ідзі сюда, ідзі, я сказал!* Хоча це, звісно, те ще гріхопадіння.

Насправді ж не треба нікого й нічого косплеїти, просто пригадаймо, де ці звуки трапляються:

- на початку слова: ***дж****ерело́*, ***дж****ура*, ***дз****еркало*, ***дз****він*, ***дз****ьоб*;
- у середині: *відро****дж****ення*, *хо****дж****у*, *за****дз****ьобати*;
- у кінці: *ґе****дз****ь*, *Ло****дз****ь*, *Та****дж*** *Махал*.

Словом, трапляються вони, де собі хочуть. І вимовляються суцільно, єдиним актом, без розподілу на два звуки.

Але є один нюанс. Дуже тонкий нюанс. Але він є. Слід відрізняти звуки [$\widehat{\text{дж}}$] і [$\widehat{\text{дз}}$] від буквосполук ***дж*** і ***дз***, які утворюються на межі префікса й кореня. Порівняйте: у слові ***дж****ерело* немає префікса, отже, на початку слова ми чуємо й вимовляємо єдиний звук [$\widehat{\text{дж}}$]. А от у слові *пі****дж****ивити* префікс є – *під-*, він закінчується приголосним ***д***, який потрапляє в позицію біля ***ж***, з якого починається корінь *-жив-*. Таким чином, у слові *підживити* немає єдиного звука ***дж***, а є два окремих звуки ***д*** і ***ж***. (Але я чесно зізнаюся, що це знання вам знадобиться хіба лише під час розбирання слова за будовою. У вимові це все одно звучатиме суцільно, і ніхто вас за це не засудить, обіцяю).

Не впевнена, що ви змогли себе змусити прочитати все, що стосувалося передньоязикових приголосних у цьому чатику, але впевнена, що якщо ви таки це зробили й вижили, то ваш світ тепер ніколи не буде колишнім. Але такий і був задум, бо це філологія, друзі, а від філології добра не жди, не жди сподіваної волі, як то кажуть. Тож рушаймо далі.

Середньоязиковий й

А «далі» — це зовсім не метафора. Ми віддаляємося від кінчика язика й рухаємося вглиб. І посередині язика зустрічаємо один-єдиний український приголосний, який твориться в цих, так би мовити, краях. Пані та панове, прошу вітати середньоязиковий **й**! Літера, яка його позначає, називається «йот». Вона вважається доволі молодою в українській абетці, бо з'явилася в ній аж у 1619 році, на відміну від більшості букв, які фігурують у нашому алфавіті ще з X століття. Крім того, у неї доволі складна доля, адже її то прибирали, то повертали, то забирали в неї хвостик, то взагалі за літеру не вважали. І аж на початку XX століття вона таки закріпилася в українській абетці й сидить доволі міцно на позиції номер чотирнадцять.

Й унікальний, бо це єдиний середньоязиковий приголосний в українській мові. Крім того, він завжди м'який, бо в нього така суть. А ще він — один з найпоширеніших звуків у мовах світу.

Якщо у вас є бажання непристойно повисловлюватися, ви можете проказати вголос наукову назву середньоязикового *й*. Отже: палатальний апроксимант. Певний ефект гарантований також від вигукування цього терміна у вікно: у вас катарсис, а в людей на вулиці цікаве видовище.

Ми вже бачили, що [й] може ховатися в деяких літерах, що позначають голосні, а саме: ***я, ю, є, ї***. Вони, власне, так і називаються — *йотовані.* У таких випадках ми його не пишемо, проте вимовляємо: ***я****блуко* — ***й*** у слові не пишемо, *[****йа****блуко]* — проте вимовляємо. Аналогічно: ***ї****жак* — *[****йі****жак],* ***ю****шка* — *[****йу****шка],* ***Є****вропа* — *[****йе****ўропа].* У соцмережах трапляються спроби позбутися йотованих літер ***я, ю, є, ї*** та писати суто через ***й***, проте практичної користі з таких віянь малувато.

В українській абетці немає окремих літер на позначення звукосполук *йи* (просто тому, що такої не існує) та *йо*.

От на звукосполуку *йо* (ні, у нашому випадку це не вигук з репчика) слід звернути окрему увагу. Вона вживається:

- на початку слова та в середині слова після голосного: *його, йому, завойований, район, чийого*;

- після приголосного, переважно на початку складу: *війокати, курйоз, серйозний, Соловйов.* Зверніть увагу, що в таких випадках не пишеться апостроф, навіть якщо дуже хочеться. У межах одного слова апострофу та звукосполуці *йо* затісно, має лишитися тільки один;

- якщо попередній приголосний м'який, то *йо* пишеться після м'якого знака: *батал**ьйо**н, бул**ьйо**н, міл**ьйо**н*. Це найпроблемніший випадок, бо часом помилково здається, що *йот* при м'якому знакові не потрібна, звідси неправильне написання: *бульон* чи *батальон.*

Не пишеться **й**, якщо після м'якого приголосного не чути йотації (тобто немає звука [й] – немає і відповідної букви **й**). М'який знак при цьому лишається на місці, тож виходить буквосполука ьо: *вс**ьо**го, л**ьо**н, с**ьо**годні, с**ьо**мий, тр**ьо**х, ц**ьо**го.* Ні, авжеж, можна спробувати написати *всьйого, льйон, сьйогодні, сьйомий*, але знайте: це не для слабкодухих. А вам воно не треба, ви на реабілітації після уподібнень шиплячих.

Нескладотворчий *ĭ*

Хай як прикро й бентежно, але ми мусимо дізнатися про ще один звук. Якщо ви трохи погортали книжку, то з назви цього параграфа приблизно можете здогадуватися, що йдеться про щось коротке чи нескладотворче. І таки так. Середньоязиковий **й**, так само як і губний **в**, може давати звук, що перебуває на межі між приголосним і голосним, а саме – нескладотворчий **ĭ**.

Загалом умови його виникнення ті самі, що і в **ў**, крім початку слова, бо на початку слова **й** виступає або в щойно згаданій звукосполуці *йо*, або у складі **я, ю, є, ї**. А нескладотворчим **ĭ** він стає:

- у середині слова перед приголосним: *зі**й**ти* – пишемо **й**, проте вимовляємо наближено до голосного *зі[**ĭ**]ти*; *ча**й**ний* – пишемо **й**, вимовляємо *ча[**ĭ**]ний*;

- у кінці слова: пишемо *співа**й***, кажемо *співа[**ĭ**]*; пишемо *ча**й***, кажемо *ча[**ĭ**]*.

Навіщо нам ці нескладотворчі штуковини, обурено спитаєте ви. А я поясню. Якщо колись прийде, насуне, зненацька постане справжній конкурс мов з милозвучності, наша одразу так – ха! – і викине ці штуковини на стіл перед журі. І посяде одразу не друге, не перше з половиною, а най-най-найперше місце! Бо все це засоби милозвучності, за допомогою яких українська мова прагне пом'якшити, полегшити й оптимізувати нашу вимову (хоч вам, звісно, зараз здається якраз навпаки).

Із середньоязиковим приголосним ми завершили. Час рухатися не вперед, а вглиб нашого мовленнєвого апарату. А там у нас залишилося два місця, де творяться приголосні звуки: задня частина (спинка) язика і гортань. Ні, ще глибше, у бронхах чи в животі, звуки людської мови не творяться.

Задньоязикові приголосні

Сама назва цих приголосних свідчить про те, що вони творяться десь позаду. Так і є: під час їх творення спинка язика піднімається до задньої частини піднебіння. Як думаєте, які приголосні так творяться? Правильно: ті, що лишилися досі нерозглянутими.

До задньоязикових приголосних в українській мові належать **ґ**, **к** і **х**. Причому дзвінкий з них лише один, і ми вже про нього говорили. А глухою парою дзвінкому **ґ** в українській мові виступає **к**.

К

Задньоязиковому **к**, як і решті приголосних його групи, не надто подобається сидіти на задвірках вимови, тому щойно з'являється нагода – він одразу переходить у який-небудь інший звук, виразніший і передньоязиковіший. Чергування, або зміна звуків у мовленні й на письмі, у нас іще попереду, тому ми поки розберемося, що ж його так бентежить.

Передусім – відсутність м'якості. Справді, **к** не буває м'яким, навіть якщо ви докладете максимум зусиль, він лише напівпом'якшиться перед (традиційно) [і]: ***кі**лограм, ма**кі**тра, спо**кі**йний*. Хоча найвідоміший український мовознавець Кіля Азіров таки зміг, коли видавав на-гора афоризм «Нє трєба скігліті». Але ж це виняток із правил, не кожному дано, а надто нам, пересічним носіям мови.

Навіть ***я, ю, є*** не здатні пом'якшити холодне серце задньоязикового звука, хіба лише в небагатьох запозичених словах: *кювет, манікюр, кюретаж* тощо – та й то, це прерогатива **ю**. А літер ***я*** та ***є*** біля **к** ви взагалі ніколи не побачите.

Отож **к** здебільшого твердий: ***ка**зка, ви**ко**нати, **ке**рувати, с**ки**рта, по**ку**пець*.

Х

Товариш звука **к** по нещастю – задньоязиковий ***х*** – так само не буває м'яким: *хата, хутро, хмиз, віхола, схибити*. І також може напівпом'якшуватися перед [і]: ***хі**ба, на**хі**ба* таке казать, ***хі**тин, **хі**мія* – і в деяких запозичених словах перед **ю**: ***хю**ндай, **хю**ге*. ***Я*** та ***є*** до нього, як і до **к**, навіть не наближаються.

Про колишню назву літери **х** ми вже згадували, але більше не будемо. **Х** не хоче про це говорити.

У приголосного **х** ситуація найпечальніша з усіх задньоязикових — часто його взагалі не виводять в окремий звук, вважаючи, що придиховість, із якою його вимовляють, дає підстави розглядати його просто як фізіологічний механізм. Ми такого не робитимемо. Ми поважаємо права кожного звука на самовираження. Крім того, саме **х** відіграє важливу роль у передачі іншомовного звука [h], бо ми звикли за його допомогою називати слова, що вже усталилися в нашій мові попри всі нововведення: *хобі*, *хокей*, *хол*, *хіджаб*, *харакірі* та інші.

Загалом же задньоязикові дуже хочуть бути м'якими. Вони відвідують спеціальні курси з особистісного зростання, наймають коучів і навіть ходять на йогу. Але все марно. Щойно біля них опиняється звук, який теоретично міг би їх пом'якшити — задньоязикові одразу знічуються, тікають і просять когось із яскравіших звуків їх замінити. От про цю заміну ми поговоримо в розділі 7, присвяченому чергуванням.

Гортанний, або глотковий, звук *г*

Звук [г] в українській мові один-єдиний у своєму роді. Він не належить до задньоязикових, як, можливо, ви звикли вважати, а є гортанним. Спробуйте вимовити його й переконаєтеся, що при вимові язик не задіяний. Але зі школи ви могли взяти хибне уявлення, що ***г*** належить до трійки задньоязикових: ***г, к, х***. А от і ні, на місці ***г*** у цій компанії виступає повернений у нашу абетку ***ґ***, що якраз і є задньоязиковим. Порівняйте їхню вимову: при творенні ***г*** видихуване повітря проходить через гортань, глотку, горло – як вам завгодно, головне, що в усіх цих трьох словах він і звучить: ***г****ортань,* ***г****лотка,* ***г****орло.* А під час творення ***ґ*** піднімається задня частина язика. Можете повторити названі слова, підставивши ***ґ*** (тільки неголосно): ***ґ****ортань,* ***ґ****лотка,* ***ґ****орло.* Відчуваєте різницю? Как паґодка в Масквє, кстаті?

Отже, якщо зараз не роз'яснюєте зацікавленим громадянам, що ви насправді не з Москви, а просто-напросто читаєте книжку сумнівного змісту, то ви звернули увагу, що ***г*** і ***ґ*** – принципово різні звуки. І, само собою, наша мова послуговується звичним гортанним звуком там, де в російській уживається задньоязиковий.

Хай це видаватиметься дивним, але український [г] – дзвінкий. Це тому, що у його вимові бере участь голос. А ще він має пару, яку легко відтворити, якщо цей голос прибрати – тоді вийде глухий приголосний [х]. Як і решта гордих і незалежних приголосних української мови, ***г*** наприкінці слова і складу не оглушується і до ***х*** не наближається: *біг*, а не *біх*, *мигтіти*, а не *михтіти*, *сніг*, а не *сніх*.

Ну, добре, є один момент, коли ***г*** може уподібнюватися до ***х*** у вимові: це відбувається у словах *ле**г**кий, во**г**кий, ні**г**ті, кі**г**ті, ді**г**тяр*. Як і у випадку голосних, тут відіграє свою згубну роль сильніший приголосний ***к*** або ***т***. А оскільки сильніший – глухий, то і ***г*** починає поводитися так само (хоча ми знаємо, що він аж ніяк не глухий і прекрасно чує все, що ми тут про нього кажемо). Але важливо пам'ятати, що таке оглушення властиве тільки вимові, на письмі це не відображається: чуємо й вимовляємо ***х***, пишемо ***г***.

У розділі про голосні я вже згадувала, що процес уподібнення слабшого звука до сильнішого називається асиміляцією. Тоді я мотивувала подачу цієї інформації тим, що в мене складний характер. Відтоді, схоже, нічого не змінилося, бо я знову це сказала і тішуся.

Приголосний ***г*** і літера, що його позначає, загалом не роблять нічого поганого, але від того часу, як у нашу абетку повернувся дзвінкий ***ґ***, почалося щось страшне з передачею іншомовних звуків [g] і [h]. Тут не тільки списи ламаються, тут плавиться, закипає, вибухає все, що так чи інакше пов'язане з мозком і його вмінням приймати нові тенденції. Річ у тім, що до повернення задньоязикового **ґ** гортанний **г** виконував усі ці обов'язки самостійно – тобто позначав і [g], і [h]: ***Г**данськ (**G**dańsk)*, ***Г**амбур**г** (**H**ambur**g**)* і так далі.

Тепер же рекомендовано проривний іншомовний звук [g] позначати нашим **ґ**, а [h] – нашим **г**. Український правопис не наполягає, але пропонує, і тому зараз ми маємо прийняти, що *Вашингтон* і *Чикаго* – це *Вашинґтон* і *Чикаґо*, а *Хемінгуей* – *Гемінґвей*. Чесно: проблема не аж така масштабна, якою її намагаються подати. Якщо ви вперто не хочете використовувати літеру **ґ** за призначенням і не плануєте навантажувати її цими обов'язками – вас ніхто до цього не змушуватиме, та й Гемінґвею, за великим рахунком, байдуже, як ви вимовлятимете його прізвище. Як і у випадку з подвійними наголосами, можу просто порадити сприймати мову як музику: вимовляти слід так, щоб звучало органічно і зручно для вас. (Якщо відверто, то вимова *Хемінгуей* для української мови теж не надто характерна).

Проте, звісно, є випадки, де звук **г** усталився і звучить природніше, тож і замінювати його на **ґ** потреби немає:

- при передачі звука [g]: *агітація, агресія, горизонт, географія, геологія, педагог, кілограм, фотографія*;

- на місці грецької **γ** (*біологія, гамма, граматика*).

Також не варто передавати куті меду й замінювати **х** на **г** у звичних *хобі, хіт, хокей, хаб, хол, хедж, хакер, хот-дог*. Попри те що український мовознавець називає повернення до **ґ** і розрізнення іншомовних [g] і [h] при передачі в українській вимові «європейськістю», завжди слід пам'ятати про межу в прагненнях до Європи й триматися здорового глузду.

Спрощення в групах приголосних

Отже, вітаю нас усіх! Ми розглянули всі приголосні звуки української мови і вижили. Тепер лишилося зовсім небагато: зрозуміти, за якими принципами вони між собою взаємодіють.

Назвімо перший принцип «третій зайвий». Але він не про любов чи дружбу. Річ у тім, що в українській мові приголосні страшенно не люблять скупчень. І так було задовго до пандемій, які тепер змушують увесь світ дотримуватися дистанції. Ми вже неодноразово згадували (і згадаємо ще не раз), що мова дуже не хоче ускладнювати, а, навпаки, постійно прагне спроститися. Тому, коли в слові трапляється збіг трьох чи більше приголосних звуків, один із них має піти. Так краще для всіх.

Спрощення (саме так називається процес, за якого третього зайвого усувають не лише у вимові, а й на письмі) властиве певним групам приголосних. Пройдімося по них.

-ж(д)н-, -з(д)н-: як ви могли зрозуміти, у цій групі зайвим є приголосний ***д***. Він преспокійно існує собі у слові до моменту, поки саме слово не змінять чи не утворять від нього спільнокореневе за допомогою суфікса *-н-*. Суфікс *-н-* заходить у групу й нахабно повідомляє: «Усе, хлопче, на вихід. Тепер я тут головний». Безперечно, ніякому ***д*** таке не сподобається, але що ж робити — такі правила. Психолог рекомендує ставитися до цього простіше, що ***д*** й робить, бо спрощується. Порівняйте: *тиждень* — ***д*** спокійнісінько сидить біля ***ж***, *тижня* — прийшов ***н*** і попросив ***д*** на вихід; те саме: *проїзд — проїзний; виїзд — виїзний, поїзд — поїзний.* Не складно побачити, що це спрощення стосується передусім слів, які мають стосунок до їзди. Згадайте це, коли захочете написати *проїздний*. Не робіть так.

-с(т)н-, -с(т)л-: у цій групі приголосних спрощується ***т***, коли приходять суфікси *-н-* і *-л-*: *лестощі — улесливий, щастя — щасливий, користь — корисний, честь — чесний, область — обласний.* Але! Є в українській мові слова, у яких подібного спрощення не відбувається. Так, їх треба запам'ятати:

зап'ястний, кістлявий, пестливий, хвастливий, хвастнути, хворостняк, шістнадцять

А також слід пам'ятати про один невеличкий нюанс: якщо слово не українське, а іншомовного походження, то спрощення приголосного ***т*** у ньому не відбувається: *студент — студентський, баласт — баластний, компост — компостний, контраст — контрастний.*

-з(к)н-, -с(к)н-: не щастить у цих питаннях і приголосному **к**, що залишає слово з приходом суфікса *-н-*. Таке спрощення відбувається при творенні дієслова, наприклад: *бриз**ки*** — іменник, утворене від нього *бри**зн**ути* — дієслово вже без **к**; аналогічно: *бряз**к**іт — бря**зн**ути, блис**к** — бли**сн**ути, пис**к** — пи**сн**ути, тріс**к** — трі**сн**ути.*

Але є й винятки: *випус**к** — випу**скн**ий, вис**к** — ви**скн**ути, пропус**к** — пропу**скн**ий.*

-с(л)н-: це найлегша для запам'ятовування група, де відбувається спрощення приголосного ***л***, — просто тому, що ви ніяк не напишете в наведених прикладах ***л***: *масло — масний* (погодьтеся, *маслний* у вас навіть рука не підніметься написати), *мисль — навмисно* (*навмислне,* серйозно?), *ремесло – ремісник* (*ремісльник*, ага). Ця група засвідчує історичне спрощення, те, що відбулося колись давно.

Наступний принцип взаємодії приголосних базований на взаємопідтримці, емпатії та командній роботі. Він демонструє здатність звуків змінювати один одного в непростих ситуаціях і полегшувати нам вимову. Проте спочатку розгляньмо два елементи української звукової системи, без яких нам не обійтися ніяк.

Табличці в Карпатах байдуже до спрощень

Літера Шредінґера. М'який знак

Ми дійшли до літери, яка є, а звука, що вона могла би називати, – немає. М'який знак, або знак м'якшення, у транскрипції позначається штрихом [´], а у слові – буквою **ь**: *міць [м´іц´], лялька [л´ал´ка], няньчити [н´ан´чити], французький [француз´кий].*

Великої букви «м'який знак» в українській абетці немає, бо слова з нього починатися не можуть. Із цією проблемою він, безперечно, відвідує спеціаліста, де пропрацьовує впевненість у собі: попри те, що він не позначає жодного звука, цей знак виражає м'якість попереднього приголосного, і за цю властивість ми його дуже цінуємо і любимо.

Застаріла назва м'якого знака дуже подібна на оболонське прізвисько – *єрик, єрчик*. Колись

М'ЯКИЙ ЗНАК

єрчик таки позначав звук — це був голосний **ĭ**, а пізніше — ***е***, які називають *редукованими*, тобто з послабленою вимовою.

У м'якого знака був напарник, що позначав редукований **ŭ**, а потім — ***о***, а коли ці голосні занепали, він лишився як буква біля твердих приголосних. Це — твердий знак **ъ**. У нашій мові він за звичкою вживався аж до початку XX століття, потім його було вилучено. А лишився твердий знак у болгарській, де перейшов у повноцінний звук, і в російській мові, де позначає твердість приголосного (в українській мові, нагадую, цю роль виконує апостроф).

У сучасній українській абетці літера **ь** посідає тридцять перше місце, проте аж до 1990-х вона стояла в самісінькому її кінці разом з апострофом. Це все тому, що вони, бачте, не позначають жодного звука. Але нічого, тепер апостроф узагалі з абетки гордо пішов, а м'який знак підібрався повище.

Хоч м'який знак позначає м'якість приголосних, він не єдиний в українській мові, хто виконує таку роботу. Йому допомагають у цьому ***і*** та ***я***, ***ю***, ***є***, які позбулися звука [й]. Порівняйте: *сила* — твердий приголосний [с], *сіла* — м'який приголосний [с´]; *раса* — твердий приголосний [р], *ряса* — м'який приголосний [р´]; *тур-*

ка – твердий приголосний [т], *тюрки* – м'який приголосний [т´]. Отже: м'якість приголосних є, а м'якого знака немає. Тому варто розглянути випадки, у яких він уживається, а в яких скидає свою роботу на молодих і активних голосних.

М'який знак пишемо

Дуже добра новина: м'який знак уживається лише після семи зубних приголосних ***д, т, з, с, ц, л, н***. Чи чули ви дурничку-примовку про линів? Ви не могли її не чути, усі вчительки української мови викидають цей козир на парту в битві за вашу грамотність. «Де ти з'їси ці лини?» – питає Катерина Юхимівна зніяковілого п'ятикласника, який тепер узагалі нічого не розуміє: які лини? Чому я маю їх їсти? І взагалі – чого тут відмінки не узгоджуються? Насправді такі дурнички придумують, щоб полегшити запам'ятовування правил. І з линами теж усе просто: у цій примовці перераховано всі приголосні, після яких уживається м'який знак: ***Д***(*е*) ***т***(*и*) ***з***(*'ї*)***с***(*и*) ***ц***(*і*) ***л***(*и*)***н***(*и*)?

Після названих приголосних м'який знак пишемо в українських словах:

- у кінці слова чи складу, якщо приголосні звучать м'яко: *бу**дь**, дя**дь**ко, су**ть**, ма**зь**, паморо**зь**, ві**сь**, хто**сь**, мі**ць**, **ць**кувати, О**ль**га, бі**ль**, ня**нь**ка, ста**нь***;

- у середині складу перед **о**: ***дьо****готь*, ***тьо****хкати*, **сьо***мий*, **цьо***м* (усім у цьому чатику!), **льо***н*.

І в словах іншомовного походження:

- у середині складу перед ***я, ю, є, ї, йо***: *мі****льяр****д*, **Ньют***он*, *ате****льє***, *Ві****нь****ї*, *ка****ньйо****н*, *бу****льйо****н*. Зверніть, будь ласка, увагу, що такі випадки стосуються лише іншомовних слів. В українських словах м'який знак перед ***я, ю, є, ї*** неможливий. Навіть якщо вам дуже захочеться написати *бурья*, *тьюрки*, *нальєш* (див. розділ 6) чи *пірьїна* – спробуйте цього не робити. Або, якщо вже геть несила терпіти, відпросіться з роботи чи уроків, поїдьте додому, поки там нікого немає, зачиніться, ретельно перевірте, чи всі замки клацнули, загорніться в ковдру чи залізьте під ліжко – і там тремтливою рукою на аркушику паперу нашкрябайте: *БУРЬЯ*. Усе, вітаю з полегшенням, вертайтеся на роботу. Аркушик не забудьте спалити;

- після м'якого ***л*** перед приголосним: *а****льб****атрос*, *фі****льм***, *асфа****льт***. Якщо чесно, українським словам це теж властиво: *би****льц****е*, *спі****льн****ик*, *сті****льн****иковий*. Просто в іншомовних словах це відбувається в межах кореня, а в українських – між коренем і суфіксом. Вибачте. Я не хотіла ускладнювати, але ускладнила. Це в мене так по життю зазвичай буває.

Ходімо далі. Після названих приголосних м'який знак пишеться також у суфіксах:

- *-зьк-, -ськ-, -цьк-* у прикметниках, іменниках і прислівниках: *ни**зьк**ий, воло**ськ**ий, німе**цьк**ий, бли**зьк**ість, вій**ськ**о, Доне**цьк**, ву**зьк**о, кеп**ськ**о, бага**цьк**о*. Але у словах *баски́й, боязки́й, в'язки́й, дерзки́й, жаски́й, ковзки́й, пласки́й (пло́ский), порски́й*[18], *різки́й* і похідних *бо́язкість, в'я́зкість, ба́ско, рі́зко* тощо м'який знак не пишеться, бо суфікс тут – лише **к**, решта приголосних належать до кореня;

- *-еньк-, -оньк-, -есеньк-, -ісіньк-, -юсіньк-*, що виражають пестливість, здрібнілість, усяку таку няшність: *мал**еньк**ий, гарн**еньк**ий, гола**оньк**а, брів**оньк**а, дрібн**есеньк**ий, свіж**ісіньк**ий, тон**юсіньк**ий*.

18 За що ми всі любимо наш рідненький правопис – то це за купу загальновживаних, усім відомих, зрозумілих і банальних слів, правда? От чим вам слово *порский* не подобається, я вас питаю? Нормальне слово. Завжди його кажу.

І ще – м'який знак пишемо в дієсловах на *-ться*[19]: *відзначає**ться***, *звертаю**ться***, *ставля**ться***.

А також (мій улюблений момент виплавляння мозку!) в інших дієслівних формах перед *-ся* (*-сь*), якщо він є у слові без *-ся*. Красиво сказано, правда ж? Ну, добре, добре, людською мовою це означає таке: якщо в дієслові є м'який знак, то після додавання до нього часточки *-ся* він залишиться. От дивіться: *стан**ь*** – *стан**ься***, *підно**сь*** – *підно**сься***, *підво**дь*** – *підво**дься*** і так далі. Але якщо м'якого знака не було, то він і не з'явиться: *підні**с*** – *підні**сся***, *рі**с*** – *розрі**сс**я*. Саме так: *підно**сь*** – *підно**сься***, *підні**с*** – *підні**сся***.

І маленьке уточнення: знак м'якшення в українській мові вживається не лише після ***д, т, з, с, ц, л, н***. Ну, так, я трошки обманула. Чого не зробиш заради поезії! Адже погодьтеся, примовка про линів – це справжнє мистецтво. Так от, в українській мові м'який знак може вживатися ще й після ***р***. Але за умови, що далі йде ***о***: *т**рьо**х*, *чоти**рьо**м*, *заб**рьо**ханий*, *зго**рьо**ваний*. Виняток становить прізвище, чи то пак псевдонім *Го**рь**кий*.

---

19 В українській мові, на відміну від російської, немає одвічної проблеми «*ться* – *тся*», у ній усі дієслова пишуться з *-ться*. Якщо ви зараз не розумієте, про що я, – вітаю! Вас зараховано до лику святих.

А більше випадків уживання м'якого знака після ***р*** не буває. Боже збав поставити його в кінці слова: *кобза**р***, а не *кобзарь*, *вівта**р***, а не *вівтарь* (про це йшлося в третьому розділі, але я про всяк випадок нагадую, щоб у вас рука не потягнулася. Крім того, мовний патруль не спить і невдовзі почне виписувати штрафи).

М'який знак не пишемо

Не пам'ятаю, чи казала я, що м'який знак ніколи, за жодних умов не пишеться після ***р*** у кінці складу чи слова, якщо далі не йде ***о***. Казала? Двічі? Ну, то не гріх повторити втретє. Не пишеться. Ні. ***Р*** у кінці слова чи складу в українській мові твердий. Завжди. Завжди у квадраті. У кубі: *пові**р**те*, а не *повірьте*, *злида**р***, а не *злидарь*, *ліка**р***, а не *лікарь*, *переві**р**те*, а не *перевірьте*, *секрета**р***, а не *секретарь*, *тепе**р***, а не *теперь* і — головне — *Ха**р**ків*, а не *Харьків*! До речі, за «Харьків» українські мовознавчі чорти в пеклі наготували окремий котел. Майте на увазі.

Зараз буде шок-контент. Візьмімо слова *буря* (*бурья* вже спалена, так?), *вістря*, *гиря* й *вечеря* — і поставмо їх у родовий відмінок множини. *Бурь*, *вістрь*, *гирь* і *вечерь*, так? Сідайте, два! Повернімося до зведення у квадрат і куб і перечитаймо: ***р*** у кінці слова чи складу в українській мові твердий. За будь-яких умов. А отже, правильно: *бур, вістер, гир* і *вечер*. Саме так — *бур* і *вечер*. Так, я знаю, що життя більше ніколи не буде колишнім, хе-хе-хе.

Далі. Пам'ятаєте линів? То м'який знак ми не пишемо після всіх приголосних, які не входять у цю примовку:

- після губних ***б, п, в, м, ф***: *голу**б**, сте**п**, кро**в**, любо**в**, сі**м**, вісі**м**, вер**ф***;

- після шиплячих ***ж, ч, ш, щ, дж***: *ні**ж**, сте**ж**, рі**ч**, пі**ч**, сумі**ш**, іде**ш**, каже**ш**, ґан**дж***;

- після задньоязикових ***ґ, к, х***: ***ґ**ніт, змо**к**ріти, ї**х**ній*;

- і гортанного ***г***: ***г**ріти, кі**г**ті, ді**г**тяр*.

За тим, як ви пишете слова з губними й шиплячими приголосними — з м'яким знаком чи без, — можна визначити, літератури якою мовою ви перечитали й під впливом якого середовища перебуваєте. Якщо ви мимохіть ставите м'який знак у словах *голуб, любов, піч*, а особливо в дієсловах другої особи — *ідеш, кажеш, чекаєш*, значить, російськомовне середовище із воччін ю. Будьте пильні і зважайте, що в українській мові знак м'якшення в подібних випадках неможливий.

М'який знак також не пишемо після ***н***, який входить у примовку про линів, коли він стоїть перед ***ж, ч, ш, щ*** і перед суфіксами *-ств(о),-ськ(ий)*: ***інш****ий*, *кі**нч**ик*, *ме**нш**ий*, *то**нш**ий*, *Ума**нщ**ина*; *воли**нськ**ий*, *громадя**нськ**ий*, *па**нськ**ий*, *селя**нськ**ий*; *громадя**нство***, *па**нство***, *селя**нство***.

Увага! Вас це шокує, але в українських словах *природ**но*** і *зворот**но*** немає м'якого знака. Ні, немає. І не було. Взагалі ніколи не було. І в школі вас так не вчили. Ні. Не вчили. Ні. Немає там м'якого знака. Не. Ма.

І також не пишемо його після приголосних-линів, якщо вони пом'якшуються за рахунок наступних м'яких приголосних. Наприклад, у словах *ві**н**ця* приголосний ***н*** пом'якшується за рахунок наступного м'якого **ц**´, *кори**с**тю* – приголосний **с** пом'якшується через наступний м'який ***т*´**, *раді**с**ть* – так само, ***с**вято* – **с** пом'якшується за рахунок ***в'***, *ща**с**тя* – **с** пом'якшується через ***т*´**. У мовознавстві цей процес називається уподібненням, або асиміляцією, за м'якістю. Цю інформацію запам'ятовувати необов'язково, просто треба вчергове зрозуміти, що звуки часом поводяться, як люди, – сильніший рулить, а слабший підлаштовується.

Однак такі випадки не стосуються приголосного **л** (*ïда***льн***я, па***льц***і, сі***льськ***ий*) та слів *рі***зьб***яр* і ***тьм****яний*. Нє трєба скіглїті, як казав найвідоміший український мовознавець Кіля Азіров, у кожній мові є винятки, які варто запам’ятовувати, це нестрашно.

Ще не пишемо м’який знак, якщо лини подовжилися: *бу***тт***я, воло***сс***я, галу***зз***я, гі***лл***ястий, жи***тт***я, камі***нн***я,* ***лл****ється, прила***дд***я, сі***лл***ю.*

І найхітовіший момент. Не пишемо м’який знак у словах, які вживаємо по сто разів на день: *де́ржално, пу́жално, ці́пилно.* Що значить «ви їх не вживаєте»? Не знаю, не знаю. Я була б дуже обережною з людиною, яка не вживає слова *ці́пилно.* Вона викликає неабиякі підозри.

Ледь не забула. В іменах *Наталя, Тетяна, Уляна, Омелян, Касян, Севастян* м’який знак теж не ставимо. Ну, хіба ви, може, фашистсько-німецький загарбник, «*Йа-йа, Наталья, яйко тафай, млєко тафай, шнеля, шнеля!*». Так, не смішно, я знаю, а тут у нас ніхто й не сміявся.

Розрізнення -нк-, -лк- і -ньк-, -льк-

Усе це, звісно, добре, скажете ви, але чому бувають слова з м’яким знаком після **н** і **л** (*доньчин,*

Гальці) і без нього (*сторінці, галці*)? І як з'ясувати, де він потрібен, а де, чорт забирай, – ні?

Спокійно, тут усе дуже просто. Поставте слово в називний відмінок – і одразу зрозумієте, потрібен м'який знак чи ні. Ось дивіться: зазвичай дискомфорт і тривожні стани викликають слова *нян(ь)ці, нян(ь)чин, нян(ь)чити*. Поставмо в називний відмінок: *нян**ь**ка*. М'який знак є – значить, він має бути і в решті похідних слів і форм: *нян**ь**ці, нян**ь**чин, нян**ь**чити*. Те саме зі словами *дон(ь)чин, лял(ь)ці, скрин(ь)ці*: *дон**ь**ка* – отже, *дон**ь**чин, лял**ь**ка – ляль**ці**, скрин**ь**ка – скрин**ь**ці*.

І навпаки: якщо в називному відмінку в звукосполуці *-нк-, -лк-* м'якого знака немає, значить, його не буде і в решті слів і форм. Стежте за руками: *на сторін(ь)ці, у землян(ь)ці, Малан(ь)чин, на весел(ь)ці – сторі**нк**а, земля**нк**а, Мала**нк**а, весе**лк**а – на сторі**нц**і, у земля**нц**і, Мала**нч**ин, на весе**лц**і*.

Усе просто, правда. Головне – не боятися крутити слово так, щоб було врешті зрозуміло, що в ньому й до чого. І не поспішати.

Розділ 6

Твердість характеру. Апостроф

Нарешті! Кумир мільйонів, досконалий, упевнений у собі, красивий, як бог, – апостроф!

Це, як ви могли здогадатися, не буква. Апостроф – це знак. До того ж діакритичний. Ні-ні, не само_критичний (він, у буквальному сенсі, вище за все це), а діа_критичний. У перекладі з грецької διακριτικος – «той, що розрізняє». Такі знаки вживалися на письмі з давніх-давен, щоб розрізняти букви або звуки, а також указувати на особливу вимову. Діакритичні знаки бувають надрядковими (пишемо вгорі) і підрядковими (пишемо внизу).

У цій книжці вже було щонайменше чотири надрядкові знаки. Спробуймо згадати.

1. Крапка. Надрядкова крапка стоїть над **і**, а дві крапки – над **ї**. Дві крапки над літерою **ї** навіть

мають свою назву – умлаут. Ця інформація необов'язкова для запам'ятовування, але оскільки термін німецький, то краще перестрахуватися.

2. Пташка. Її ми бачимо над **й**, а також над любим нашому серцю нескладотворчим **ў**. Пташку ще можуть називати гачеком, від чеського *háček*. Є мови, де пташка позначає короткі голосні *ă, ŏ*, їй протиставлений знак ¯, який, відповідно, ставлять над довгими голосними *ā, ō*. Риска на позначення довготи називається макрон. Зараз він на коні, очолює цілу республіку, тож я не радила би жартувати з макроном.

3. Горизонтальна дужка (шапочка). За її допомогою позначають [д͡ж], [д͡з], [д͡з´], що вимовляються як один звук.

4. На́голос. Цей діакрити́чний знак ми обов'язко́во ста́вимо в транскри́пції, а ще́ – коли́ потрі́бно вказа́ти на пра́вильну вимо́ву. Наголос не ставиться в односкладових словах, адже якщо голосний у слові один, то і наголос падає, звісно, на нього.

І, нарешті, наш супергерой – *апостроф*. Ви можете сказати, що він дуже схожий на кому. Але це ще треба з'ясувати, хто на кого схожий!

Безпосереднє призначення апострофа – вказівка на твердість попереднього приголосного і роздільну вимову: *бур'ян [бурйан], наб'ю [набйу], з'їхати [зйіхати]*. Якщо у слові ви бачите апостроф, значить, ***я***, ***ю*** та ***є***, що йдуть за ним, йотовані, тобто складаються з двох звуків *[й+а]*, *[й+у]*, *[й+е]*, а приголосний перед ним – твердий. Якщо у слові ви бачите апостроф, вимова має бути чіткою та роздільною: не варто казати *пять [п´ат´]* чи *Маряна [мар´яна]*, пом'якшуючи приголосні там, де вони мають звучати твердо: *п'ять [пйат´]*, *Мар'яна [марйана]*. Чи казала я про роздільну вимову, якщо у слові є апостроф? Твердість і роздільність – ось біцепс і трицепс, завдяки яким апостроф тримає в напрузі всі міські райони. Будьте твердими, як апостроф, і вам воздасться.

На відміну від решти діакритичних знаків, апостроф ставиться не над літерою, а біля неї. Це тому, що історично він замінив собою літеру **ъ**, тобто твердий знак. Ми вже говорили, що твердий знак пішов із нашої абетки назавжди, і тепер апостроф тут головний.

У вживанні апострофа є свої закономірності. Про деякі з них уже було згадано в попередніх розділах, де ми розглядали різні приголосні, однак давайте систематизуємо й деталізуємо.

Апостроф ставимо

Передусім – після його ліпших друзів! А хто, а хто ж вони? Я так і знала, що ви забули.

В українських словах апостроф ставимо після губних приголосних ***б, п, в, м, ф***. Оскільки вони не бувають м'якими, хіба трохи пом'якшуються, апостроф відчуває в них споріднені душі: *б'ю, гороб'ята, п'ять, розіп'яти* (за нероздільну вимову), *в'язати, в'юн, м'який, м'яч, арф'яр, верф'ю*[20].

Шкільна програма для чогось ускладнює і уточнює, що ці приголосні мають належати до кореня. Якщо відверто: я не знаю, навіщо потрібне це уточнення. Дивовижно, але навіть якщо губні приголосні не належать до кореня, а є префіксами, – після них усе одно ставиться апостроф! *В'їхати, об'їхати*! Ітс меджик!

Ба більше, минають роки, змінюється влада, реформують правопис, а абсолютно безглузде правило про «кореневий приголосний, крім ***р***» – залишається. Розумієте, про що я? Ось про цю річ:

Апостроф не пишеться, коли перед губним звуком є приголосний (крім ***р***), який належить до кореня: ***свято, цвях, тьмяний, мавпячий, морквяний***. Але якщо попередній приголосний належить до префікса, то апостроф пишеться: ***розв'язати, зв'юнити-***

20 Слово ***верф'ю*** наводиться в усіх, просто-таки в усіх підручниках української мови як приклад уживання апострофа після ***ф***. Проте чи розумієте ви, що воно означає? Із тридцяти опитаних мною людей лише одна стверджує, що розуміє. ***Верф'ю*** – це орудний відмінок від слова ***верф***. Але є підозра, що на практиці ви ніколи не поставите це слово в орудний відмінок, просто тому, що не буде такої нагоди.

ся, вп'ятьох, розм'якшити. Також він пишеться, якщо попередній приголосний – ***р***: *черв'як, сурм'яний, арф'яр*.

Друзі, якщо комусь із вас це правило допомогло писати слова з апострофом чи без правильно – знайдіть мене. Я боргую вам пляшку хорошого брюту. Проте щось мені підказує, що воно не працює. Пропоную розійтися мирно, просто запам'ятавши слова, у яких апостроф після губних приголосних не вживається:

свято, цвях, тьмяний, різьбяр, різдвяний, духмяний, мавпячий, морквяний, медвяний, рутвяний, мертвяк

Наступним приголосним, після якого вживаємо апостроф, є твердий ***р***: *бур'ян, сузір'я, матір'ю, бар'єр, кар'єра, на подвір'ї*. Важливо: наступні ***я, ю, є*** мають бути йотованими. Якщо відчуваєте, що вони пом'якшують ***р*** і звука [й] не чути, апостроф не пишіть: *гарячий, порятунок, трюк, ряст* і – увага! – *буря*! Так-так, знову *буря*. Будь ласка, не кажіть, що тепер вам хочеться вписати в це слово ще й апостроф. Ну, що ж, коли так, то дійте за визначеним алгоритмом: відпрошуйтеся з роботи чи уроків, їдьте додому, поки там нікого немає, зачиняйтеся, перевіряйте всі замки, загортайтеся в ковдру, залізайте під ліжко і на аркушику дуже, дуже обережно виводьте: *БУР'Я*. Легше? Гайда назад на роботу. І аркушик! Аркушик спаліть!

Маленьке уточнення: не ставимо апостроф після **р** у словах *серйозний* і *курйоз*, бо тут є звукосполука *йо*.

Далі. Апостроф ставимо після твердих приголосних ***д, т, з, с, н*** і ***ж***, які належать до префікса або першої частини складного слова, якщо далі йдуть, знову-таки, йотовані ***я, ю, є, ї***: *від'їхати, під'юджувати, перед'ювілейний, дит'ясла, роз'ятрити, без'ядерний, пан'європейський, Мін'юст* (не бійтеся ставити тут апостроф, шановні юристи, він має тут бути), *між'ядерний*. Якщо після вказаних приголосних ідуть звичайні собі голосні ***а, о, у, е, і***, апостроф не пишеться (насправді важко навіть уявити, де його там можна вписати, але, йой, може бути що завгодно): *розосереджений, дезактивація, відокремити, підохотити, безіменний, зекономити, підучити, педінститут.*

До запровадження змін у правописі апостроф вживався в словах із *пів*-: *пів'яблука, пів'яхти, пів'ярусний*. Проте новий український правопис пропонує взагалі писати цю частинку окремо: *пів яблука, пів яхти, пів ярусний*. І це прекрасно.

А також апостроф ставимо після **к** у слові *Лук'ян* і похідних від нього: *Лук'янчук, Лук'янівка, Лук'яновий, Лук'яненко.*

У словах іншомовного походження з апострофом узагалі тотальна демократія (хоча просто визнаймо, там у них тотальна демократія не лише з апострофом). Він ставиться перед **я, ю, є, ї**

- після губних **б, п, в, м, ф**: *комп'ютер, прем'єр, інтерв'ю, Барб'є, ф'южн;*

- після язикових **р, н, д, т**: *бар'єр, ін'єкція, ад'ютант;*

- після шиплячих (**ш, ч, ж, дж**): миш'як, Руж'є;

- і навіть після **ґ, к, х** і **г**: *Г'юстон, Рейк'явік.*

І не ставиться, якщо **я, ю, є** позначають пом'якшений попередній приголосний: *бюст, бюджет, бюро, пюре, кювет, фюзеляж, пюпітр, гравюра, кюрі, манікюр, рюкзак, Мюллер, Гюго.*

Нібито все просто, але не дуже: як визначити, де вказані приголосні — тверді й потребують після себе апострофа, а де — пом'якшені за рахунок **я, ю, є** і апострофа не потребують? Особливо на тлі нашої рідненької вимови, яка легко може впаяти апостроф і в *гравюру*, і в *бюро*, і в *пюре*, і навіть у Генріха нашого групенфюрера *Мюлле-*

ра? Читайте в моїй новій книжці «Ніяк». Тільки читання, друзі, читання і запам'ятовування образів слів порятує наші грішні безграмотні душі. І знову-таки, добра новина: якщо ви дочитали аж сюди, то шансів на спасіння у вас значно побільшало.

Суто технічно апостроф також використовують на позначення пропущеного звука чи складу при передачі розмовного мовлення: *А мо', вийдемо по каву? — Та ні, ма'ть краще замовимо доставку*.

А також його ставлять при передачі іншомовних прізвищ після часток ***д*** та ***о***: *Д'Аламбер, Д'Артаньян; О'Генрі, О'Кейсі, О'Коннейль*.

Ці частки також є скороченням: ***д'*** — утворена від французького *де* відкиданням голосного перед наступним голосним: *Марі де Роган-Монбазон*, але *Теодор д'Обіньє*. Цей префікс означав дворянське походження, а також місцину, з якої родом той чи інший аристократ. Такий собі синонім нашого ***з***: *Людмила з'Андрушівки, Петро з'Роздольного*. Префікс ***о'*** має ірландське походження й означає нащадка роду: *О'Райлі, О'Хара*.

Варто звернути увагу, що апостроф ставимо лише після названих двох префіксів, решту часток в іншомовних прізвищах пишемо:

- окремо (*ван, да, де, ді, дю, дер, ед, ель, ла, ле, фон* тощо): *Людвіг ван Бетховен, Леонардо да Вінчі, Бельтран де ла Куева, Джузеппе ді Вітторіо, Нур ед Дін, ле Шапельє, фон дер Гольц;*

- через дефіс (*Ван-, Мак-, Сан-, Сен-*): *Ван-Дейк, Мак-Магон, Мак-Клюр, Сан-Мартін, Сен-Сімон;*

- разом: *Деліль, Дерібас, Лагарп, Ламетрі, Лафонтен, Лесаж, Фонвізін.*

Розділ 7

Хто сьогодні чергує?

Цей розділ присвячено тим, хто прийшов сьогодні в теплій *куртці*, бо щось стріляє у *вуху*. І тим, хто боїться кличної форми слів *парубок, хлопець* і *чоловік*. І тим, хто демонструє дива звукової еквілібристики під час творення особової форми дієслова *їздити*. Словом, цей розділ присвячено всім, хто не вірить у зміну звуків, а вірить в силу... їхньої непохитної стійкості.

А проте непохитної стійкості приголосних звуків не існує. Чергування. Чергування, друзі, врятують світ і нашу вимову від складних і нездоланних звукових збігів.

Чергування – це послідовна зміна одного звука на інший в одних і тих самих умовах і в одному і тому самому місці. Інакше кажучи, у типових випадках це поява на місці приголосного іншого приголосного, характеристики якого полегшують нам вимову, а ми про це навіть не здогадуємося. І вперто кажемо *в куртці* замість *у куртці*.

А хто, хто ж у нас найбільше схильний до чергувань? Зараз ми й перевіримо, кому стало сил дочитати розділ про приголосні до кінця. А поки ви хаотично гортаєте книжку в пошуках відповіді, я нагадаю: це задньоязикові ***ґ, к, х*** і гортанний ***г***. Вони надзвичайно скромні і не люблять публічності. Саме тому віддають перевагу поступитися місцем сильнішим і виразнішим шиплячим ***ж, ч, ш*** і ***дж*** та свистячим ***з´, ц´, с´*** і ***дз´***.

Змінюються задньоязикові та гортанний під час словозміни і словотворення. Про ці два процеси вже було згадано на початку, проте не гріх повторити. Словозміна — це зміна форми одного і того самого слова. Наприклад, зміна іменника за відмінками: *дорога — дороги — дорогою* — чи дієслова за особами: *ходив — ходила — ходило*. Словотворення — це утворення нового слова від певного кореня. Наприклад, від кореня *-їзд-* можна утворити дієслово *їздити*, прикметник *проїзний* (у якому відбувається спрощення, про що ви якраз хотіли сказати, еге ж?) і іменник *під'їзд*. Ну, добре, добре, утворіть *їздець*, вам же хочеться.

Чергування приголосних при словозміні

Найперша зміна, про яку слід пам'ятати завжди, коли вдягаємо куртку, – це зміна задньоязикового чи гортанного приголосного на шиплячий або свистячий при словозміні.

Схематично це можна зобразити так:

[г] – [ж] – [з´]: *дру**г** – дру**ж**е – дру**з**і*

[к] – [ч] – [ц´]: *ру**к**а – ру**ч**ка – ру**ц**і*

[х] – [ш] – [с´]: *ву**х**о – ву**ш**ко – у ву**с**і*

Таке чергування властиве передусім іменникам і, як ви могли зауважити, відбувається в місцевому, давальному та кличному відмінках. Саме в цих формах задньоязикові та гортанний прагнуть віддати позиції шиплячим і свистячим, до того ж свистячі тут завжди м'які. Це чергування приголосних в українській мові одне з найдавніших, воно сягає корінням ще праслов'янської мови.

Загалом у праслов'янській мові задньоязикові могли бути м'якими. Проте нам зараз це уявити важко, бо в нашій мові це неможливо. Але в історії слов'янських мов, так само як і самих слов'ян, трапилося кілька етапів переходу. І якщо самі слов'яни змінили своє місце проживання й перейшли на Балкани (їх можна зрозуміти!), то слов'янські задньоязикові звуки змінили свої характеристики і перейшли в шиплячі. Цей процес називається ***палаталізація***. Так, термін, можливо, і складний, але цікавий. Палаталізацій задньоязикових в історії слов'янських мов було три: під час першої вони перейшли в шиплячі, під час другої й третьої – у м'які свистячі. Зараз ми досі послуговуємося наслідками цих процесів, навіть не здогадуючись, яка драма відбулася в минулому. Крім того, дія законів історичних чергувань така потужна, що позначається і на сучасних словах, яких у далекому минулому точно не було: ***форсунка – на форсунці***, *клік – у кліці* тощо.

Чергування задньоязикових і гортанного із шиплячими властиве не лише іменникам. Так можуть і дієслова. Ба більше, у них із шиплячими можуть чергуватися також і передньоязикові, і навіть цілі звукосполуки. Розгляньмо схему:

[г] – [ж]: *мо**г**ти – мо**ж**у, ля**г**ти – ля**ж**у*

[к] – [ч]: *пла**к**ати – пла**ч**у, ті**к**ати – уте**ч**у*

[х] – [ш]: *коли**х**ати – коли**ш**у, бре**х**ати – бре**ш**у*

[д] – [д͡ж]: *во**д**ити – во**дж**у, ненави**д**іти – ненави**дж**у*

[т] – [ч]: *ко**т**ити – ко**ч**у, вер**т**іти – вер**ч**у*
[з] – [ж]: *в'я**з**ати – в'я**жу**, ли**з**ати – ли**жу***
[с] – [ш]: *но**с**ити – но**ш**у, про**с**ити – про**ш**у*

> [зд] – [ждж]: ***їздити – їжджу***
> не *їздж*у, не *їзжу*, не *їжжу* й навіть не *їзжджу*!

[ст] – [шч]: *сви**ст**іти – сви**щ**у, бли**ст**іти – бли**щ**у*
[ск] – [шч]: *поло**ск**ати – поло**щ**у, пропу**ск**ати – пропу**щ**у*

Щось мені підказує, що і без цієї схеми ви несвідомо замінюєте приголосні звуки, коли змінюєте форми дієслова. Проблеми виникають хіба в написанні, але недаремно приклад зі злощасним *їжджу* обведений чорною рамкою. Це рамка для привернення уваги, а не для скорботи, раптом що.

Також можуть траплятися порушення вимови при чергуванні [д] – [д͡ж]: замість *во**дж**у* мовець може казати *во**ж**у*, а замість *нена́ви**дж**у* – *ненаві́**ж**у*, ще й неправильно наголошувати. Зверніть, будь ласка, увагу, що в українській мові з'являється суцільний звук [д͡ж], а не самотній [ж], який у таких випадках юзають наші північні сусіди.

Чергування приголосних при словотворенні

Коли ми розглядали свистячий приголосний **с**, я погрожувала вам, що в розділі про чергування він ще себе покаже. Опустимо той факт, що я вам тут постійно погрожую, не лише в параграфі про **с**, і зосередимося на тому, що справді настав його час.

Річ у тім, що **с** входить до двох суфіксів, за допомогою яких утворюється незліченна кількість нових слів: *-ськ(ий)* і *-ств(о)*. І саме прихід цих суфіксів на чолі із **с** змушує приголосні в межах слів змінювати свої характеристики. Дивіться, що робиться:

- ***к, ч*** і **ц´** при додаванні суфіксів *-ськ(ий)* і *-ств(о)* змінюються на **ц**: *коза**к** + -ськ(ий) = = коза**ц**ький; Овру**ч** + -ськ(ий) = овру**ц**ький, молоде**ць** + -ськ(ий) = молоде**ц**ький; коза**к** + -ств(о) = коза**ц**тво, тка**ч** + -ств(о) = тка**ц**тво, молоде**ць** + -ств(о) = молоде**ц**тво;*

- ***г, ж*** і **з´** при додаванні суфіксів *-ськ(ий)* і *-ств(о)* змінюються на **з**: *Пра**г**а + -ськ(ий) = = пра**з**ький, Пари**ж** + -ськ(ий) = пари**з**ький, боягу**з** + -ськ(ий) = боягу**з**ький; убо**г**ий + + -ств(о) = убо**з**тво.* Так, у цьому випадку виникає велике, ні — величезне, ні —

Торгівля краще знає ціну чергуванням, ніж ми тут усі разом узяті!

страшенно величезне бажання вписати ж: *парижський*, *пражський* і так далі. Не варто, друзі. Мовний патруль, хоч і втомився, але надто любить празький торт, аби толерувати такий прокол з вашого боку;

- ***х***, ***ш*** і **с´** при додаванні суфіксів *-ськ(ий)* і *-ств(о)* змінюються на **с**: *воло**х**и* + *-ськ(ий)* = *воло**с**ький*, *товари**ш*** + *-ськ(ий)* = = *товари**с**ький*, *залі**сс**я* + *-ськ(ий)* = *залі**с**ький* (ви ж пам'ятаєте, чому тут не збереглося подовження, так?); *пта**х*** + *-ств(о)* = *пта**с**тво*, *товари**ш*** + *-ств(о)* = *товари**с**тво*.

У решті випадків (тобто з іншими приголосними) чергування при додаванні суфіксів *-ськ(ий)* і *-ств(о)* не відбувається: *багатий – багатство, брат – братський – братство, завод – заводський, інтелігент – інтелігентський, люд – людський – людство, пропагандист – пропагандистський, студент – студентський – студентство.* Але ми-то пам'ятаємо, що хоч на письмі чергування в цих словах немає, у вимові тут буяє уподібнення! (Перепрошую, якщо знову роз'ятрила вашу душевну рану).

Проте **с** у межах суфіксів може й сам зазнавати змін під впливом іще сильніших від нього звуків, наприклад, сонорного **н**. Ось за яких умов це відбувається:

- при творенні іменників із суфіксом *-ин(а)* групи приголосних *-ськ-*, *-ск-* змінюються на **-щ-**: *ві**ск** – во**щ**ина, лі**ск**а – лі**щ**ина, полтав**ськ**ий – Полтав**щ**ина*[21].
  І за компанію із суфіксом *-ськ-* суфікс *-цьк-* при творенні іменників із суфіксом *-ин(а)* змінюється на **-чч-**: *воя**цьк**ий – воя**чч**ина, коза**цьк**ий – Коза**чч**ина,*

21 Зізнайтеся: де ви поставили наголос у слові *Полтавщина*? Правильно казати *Полта́вщина*. Неправильно вважати, що наголос у слові *Полта́ва* чомусь має переходити на суфікс *-ина*. Не має він нічого такого робити, йому і вдома добре.

*німе**цьк**ий — Німе**чч**ина, туре**цьк**ий — Туре**чч**ина.* Але: *галицький — Галичина;*

- при творенні прикметників та іменників із суфіксом *-ан(-ян-)* групи приголосних *-ск-, -шк-* змінюються на ***-щ-***: *ві**ск** — во**щ**аний — во**щ**анка, до**шк**а — до**щ**аний, пі**ск**у — пі**щ**аний;*

- при творенні прізвищ на *-енко, -ук* групи приголосних *-ськ-, -зьк-* відповідно змінюються на **-щ-, -жч-**: *Ва**ськ**о — Ва**щ**енко — Ва**щ**ук, І**ськ**о — І**щ**енко — І**щ**ук, Они**ськ**о — Они**щ**енко — Они**щ**ук, Водола**зьк**ий — Водола**жч**енко, Ку**зьк**о — Ку**жч**енко.*

Крім **с**, у суфіксах можуть бути ще два приголосних, які змушують змінюватися інші звуки. І хто ж це в нас такі? Авжеж, це наші друзі — шиплячий ***ш*** і сонорний ***н***:

- перед суфіксом *-н-* приголосні **к, ц** змінюються на **ч**: *безпе**к**а — безпе**ч**ний, безпе**ч**ність, безпе**ч**но; ві**к** — ві**ч**ний, ві**ч**ність, ві**ч**но; кіне**ц**ь — кіне**ч**ний, craftmіся**ц**ь — міся**ч**ний, околи**ц**я — околи**ч**ний, пшени**ц**я — пшени**ч**ний, рі**к** — рі**ч**ний, сер**ц**е — серде**ч**ний, сон**ц**е — соня**ч**ний, яй**ц**е — яє**ч**ня.* Але тут є й винятки: *дворушник, мірошник, рушник, рушниця,* *сердешний* (у значенні «бідолашний»), *соняшник, торішній* — хоча колись і тут був приголосний **ч**;

- перед суфіксом *-ш(ий)* у вищому ступені порівняння прикметників і прислівників ***г, ж, з*** змінюються на *-жч(ий)*, а **с** — змінюється на *-щ(ий)*: *ви**с**окий — ви**щ**ий, ви**щ**е, ву**з**ький — ву**жч**ий, ву**жч**е, доро**г**ий — доро**жч**ий, доро**жч**е, ду**ж**ий — ду**жч**ий, ду**жч**е, ни**з**ький — ни**жч**ий, ни**жч**е.* Але: *ле**г**кий — ле**гш**ий, ле**гш**е.* У дієсловах, що утворені від прикметників вищого ступеня, змінений приголосний зберігається: *бли**жч**ий — бли**жч**ати, ву**жч**ий — ву**жч**ати, кра**щ**ий — кра**щ**ати.*

Особливістю чергування як мовного явища є те, що воно обов'язково фіксується на письмі. Саме цим воно відрізняється від уподібнення, яке ми чуємо і проказуємо в усному мовленні, однак не пишемо. І це, мабуть, єдиний складний момент у їх розрізненні — варто пам'ятати, що є чергуванням, а що — уподібненням, коли можна писати *міццю*, а коли не можна — *смієцця*. Проте давайте вже видам добру новину наостанок: якщо ви дочитали аж до цього місця, то ваша пам'ять на образи слів зросла до вісімдесятого рівня! Хай що це означає.

Післямова

Ось і добігла кінця наша подорож українською мовою в царину звуків і букв. Якщо ви вже забули, про що, власне, була ця книжка, чи просто полюбляєте читати з кінця, — не страшно. Я передбачила такий варіант розвитку подій і нагадаю: ми повторили, скільки літер в українському алфавіті (сорок дев'ять), часом говорили про їхнє походження (зі старокозацької), з'ясували, чому звуків у нашій мові більше, ніж букв (бо букв менше, ніж звуків), і детально пройшлися їхніми властивостями, закономірностями, чергуваннями, подовженнями і спрощеннями. Найбільше нам сподобалися процеси уподібнення, властиві шиплячим і свистячим звукам української мови. Ще ми спробували розібратися, чому наголос буває подвійним (і потрійним) і що із цим робити (резюме: нічого), чому апостроф класний, а у м'якого знака – комплекс неповноцінності. Думаю, читачі вдячні, що в цій книжці не зачеплено тему дифтонгів. (Насправді трохи зачеплено).

Упродовж усієї розповіді я намагалася відчайдушно гуморити й сипати дотепами[22]. Це для того, щоб ви переконалися, що про українську мову, зокрема – її правила, можна говорити легко. Зазубрювання мовних закономірностей не було метою цієї книжки. Навпаки, хотілося б, аби ви читали невимушено й іноді всміхалися (звісно, нечасто і нешироко, бо мовний патруль із воччін ас). Також я щиро сподіваюся, що ви практикувалися у творенні звуків перед дзеркалом, на вулиці, у метро і на робочих нарадах. Мені дуже хотілося б, аби це було ефектно. А якщо ні – не хвилюйтеся, у вас буде ще безліч нагод зробити це. Пам'ятайте: знання без практики мало чого варті.

Хочу також вірити, що ця книжка була для вас корисною, цікавою і потрібною. Бо якщо такого результату не досягнуто – доведеться писати ще кілька книжок. А якщо ви читали її, вигукуючи: «Та я і так усе це знаю!» – тоді все гаразд, ідемо правильним шляхом. Насправді книжок таки буде ще кілька: другу ми присвятимо сло-

---

22 Насправді ні.

вам (частинам мови, стилістичній доцільності та особливостям уживання), а третю – реченням (пунктуації). Разом із цією вони складатимуть таку собі трилогію про цікаву, дотепну, а головне – рідну українську мову.

Тож до зустрічі в наступних виданнях, шановні читачі! Дякую за те, що були поряд увесь цей час.

Дубчак

Подяки

Найперші, кому слід подякувати за те, що ця книжка з'явилася на світ, — це мої колеги та співзасновниці видавництва «Віхола». Ілоно, Ірино, Марино, Вікторіє і Наталю, я щаслива топтати ряст разом з вами на одній планеті, без вас не було б абсолютно нічого. Люблю.

Також хочу висловити вдячність людям, які навіть не здогадувалися, що беруть участь у творенні книжки, коли консультували мене з багатьох питань. Наталія Ляш скерувала до логопеда й допомогла прояснити деякі питання в опануванні звуків немовлятами. Геннадій Шпак провів хащами японських ієрогліфів. Цікавезний екскурс в історію китайської, корейської та в'єтнамської писемності телефоном надав дід Свирид (у нього є телефон!). Соня Сотник завдяки аудіозаписам, над якими ми працювали разом, розкрила переді мною чарівний світ вільних і нетипових наголосів. Тетяна Трофименко заспокоїла, що я займаюся мовознавством здорової людини, і вказала на деякі огріхи у формулюваннях правил. Дарина Важинська люб'язно надала дві фотографії, які ілюструють захопливе бачення українцями правописних норм. Найкраща у світі коректорка Інна Іванюсь прискіпливо прочитала написане і, як завжди, дала зрозуміти, що досконалих текстів не існує. Навіть якщо їх пишуть кандидати філологічних наук. Спасибі, Інно, що вмієш знайти те, чого я самотужки ніколи в житті не відшукала б. Люблю.

Спасибі також усім, хто захотів побачити цю книжку, хто підтримав у написанні, та й просто у важких рішеннях. Упевнена, що ви знаєте: ці слова присвячено саме вам. Люблю.

Дякую своїй родині, яка дала змогу яжематері присвятити час нічній (часто), вечірній (рідше) і денній (часто) писанині. Це безцінно. Люблю.

А ще дуже хочу подякувати своєму сину, який, поки я писала цю книжку, опанував зубні звуки, при цьому ще не маючи жодного зуба. Так він дав мені зрозуміти, що все в цьому світі примарне і відносне. Крім грамотності. Але поки він про це нічого не знає.

Люблю.

Література

Вступ

Алфавіт // Енциклопедичний словник класичних мов / Л.Л. Звонська, Н.В. Корольова, О.В. Лазер-Паньків та ін. – К. : ВПЦ «Київський університет», 2017.

Кочерган М. П. Загальне мовознавство: підруч. для студентів філол. спец. вузів / М. П. Кочерган. – [3-тє вид.]. – К. : Академія, 2010.

Українська мова: енциклопедія. – К. : Українська енциклопедія ім. М. П. Бажана, 2000.

Розділ 1. Як чуємо, так і пишемо (майже)

Культура мови на щодень. – К. : Довіра, 2000.

Орфоепічний словник української мови: у 2 т./ за ред. М.М. Пещак, В.М. Русанівського. – К., 2001. – Т.1; К., 2003. – Т. 2.

Погрібний М.І. Орфоепічний словник. – К., 1983.

Погрібний М.І. Українська літературна вимова. – Дніпропетровськ, 1992.

Тоцька Н.І. Голосні фонеми української літературної мови. – К. : Вид-во Київського ун-ту, 1973. – 192 с.

Українська мова: енциклопедія. – К. : Українська енциклопедія ім. М. П. Бажана, 2000.

Український правопис. – [4-те вид., випр. й доп.]. – К. : Наук.думка, 2009.

Фонетика і фонологія. Орфоепія. Графіка і орфографія // Сучасна українська літературна мова: підруч. для студентів філол. спец./за ред. А. П. Грищенка. – [2-ге вид.]. – К. : Вища школа, 1997.

Розділ 2. Місце під сонцем. Наголос

Веселовська З.М. Дублетні наголоси в сучасній українській мові / З. М. Веселовська // Українська мова в школі. – 1960. – № 2. – С. 16–21.

Головащук С.І. Складні випадки наголошення : словник-довідник / С. І. Головащук. – Київ : Либідь, 1995.

Караванський С. Секрети української мови / Святослав Караванський. – Львів : БаК, 2009.

Винницький В.М. Акцентна дублетність і кодифікація (на матеріалі непохідних іменників чоловічого роду) / В. М. Винницький // Мовознавство. – 1983. – № 6. – С. 25–36.

Пристай Б. Подвійне наголошення слів / Богдан Пристай // Урок української. – 1999. – № 7–8. – С. 34–35.

Розділ 3. Милозвучності ніхто не скасовував

Евфонія, або Милозвучність // Літературознавча енциклопедія : у 2 т. / авт.-уклад. Ю. І. Ковалів. – Київ : ВЦ «Академія», 2007. – Т. 1 : А – Л. – С. 311–312.

Українська мова: енциклопедія. – К. : Українська енциклопедія ім. М. П. Бажана, 2000.

Український правопис. – [4-те вид., випр. й доп.]. – К. : Наук. думка, 2009.

Розділ 4. Долаємо всі перешкоди (майже)

Орфоепічний словник української мови: у 2 т./ за ред. М.М. Пещак, В.М. Русанівського. – К., 2001. – Т.1; К. : 2003. – Т.2.

Погрібний М.І. Орфоепічний словник. – К. : 1983.

Погрібний М.І. Українська літературна вимова. – Дніпропетровськ, 1992.

Пономарів О. Фонеми Г та Ґ: Словник та коментар. – Київ : Видавничий центр «Просвіта», 1997.

Тараненко О.О. Сучасні тенденції до перегляду нормативних засад української літературної мови і явище пуризму (на загальнослов'янському тлі) // Мовознавство. – 2008. – № 2–3. – С. 175-176.

Український правопис. – [4-те вид., випр. й доп.]. – К. : Наук. думка, 2009.

Фонетика і фонологія. Орфоепія. Графіка і орфографія // Сучасна українська літературна мова: підруч. для студентів філол. спец. / За ред. А. П. Грищенка. – [2-ге вид.]. – К. : Вища школа, 1997.

Шевельов Юрій. Історична фонологія української мови. – Харків : АКТА, 2002.

Розділ 5. Літера Шредінґера. М'який знак

Довідник з українського правопису / за ред. І. Вихованця. – К., 2006.

Українська мова: енциклопедія. – К. : Українська енциклопедія ім. М. П. Бажана, 2000.

Український правопис. – [4-те вид., випр. й доп.]. – К. : Наук. думка, 2009.

Розділ 6. Твердість характеру. Апостроф

Апостроф // Енциклопедичний словник класичних мов / Л. Л. Звонська, Н. В. Корольова,

О. В. Лазер-Паньків та ін. – К. : ВПЦ «Київський університет», 2017. – С. 45.

Українська мова: енциклопедія. – К. : Українська енциклопедія ім. М. П. Бажана, 2000.

Український правопис. – [4-те вид., випр. й доп.]. – К. : Наук.думка, 2009.

Розділ 7. Хто сьогодні чергує?

Українська мова: енциклопедія. – К. : Українська енциклопедія ім. М. П. Бажана, 2000.

Український орфографічний словник: Близько 165 тис. слів / за ред. В. М. Русанівського. – [5-те вид., переробл. і доп.]. – К. : Довіра, 2006.

Український правопис. – [4-те вид., випр. й доп.]. – К. : Наук. думка, 2009.

Бонус[23]

23 Тексти, наведені в цій книжці як бонус, були написані для виступів на благодійних концертах «На Шапку», організованих благодійною організацією «Благодійний фонд “СВОЇ”».

Мовний патруль

У першому півріччі 2019 року в Україні почало відбуватися страшне. Страшніше не придумаєш. Двадцять п'ятого квітня Верховна Зрада проголосувала за ухвалення законопроекту про — страшно навіть промовляти вголос — українську мову. Що це означає? Та все, приїхали, зливайте воду. Закон закріплює пріоритет української мови в більшості сфер суспільного життя. Ці слова — це не просто головні й другорядні члени речення. Це нічне жахіття питомих українців, які взагалі не втямлять, чому в країні Україна надають пріоритет українській мові.

Проте ще жахливішим це жахіття стало 15 травня, коли закон підписав президент. Це навіть невідомо як назвати. Ви взагалі розумієте, що це за собою тягне? Ви усвідомлюєте, під чим він підписався? А я поясню. Гряде жахливе, насувається моторошне, наближається АБЗАЦ! Біда прийшла в наш дім, лишенько заполонило наші вольові серденька, справжнє нещастя спіткало нас у цю темну годину. Що ж це?

Це – мовний патруль.

Ви, можливо, не знали, але він уже цієї ночі вийшов на вулиці столиці робити свою жахливу справу. По-перше, повиправляв усі помилки й русизми на білбордах уздовж центральних проспектів. Ви могли бачити, що зранку заправка «Окко» вже пишеться з однією «к», «страхові» компанії поправлено на «страхітливі», а ресторан «МакДональдз» перейменовано на шинок «ПанМикола».

Співачка Альона, само собою, вже Олена. Співак Монатик – Замонатик, а гурт «Врємя і стєкло» переназвано на «Час рікою пливе, як зустрів я тебе, як зустрів я тебе, моя пташко. Довго, довго дививсь, марно очі трудив, а впізнати тебе було важко». Дякувати Богу, на святе – Оксаночку Білозір – не зазіхнули. А все чому? А все тому, що українкою народилася, зі сльози відродилася!

Страшне, страшне сталося цієї ночі. Скрізь по Києву всі обмазують житлові бетонні висотки вапном, бо мешкати відтепер можна лише в хаті-мазанці. В офісах саджають кущі калини й довбають криниці. Готель «Хілтон» перейменували на «Вербний», у холі гостей зустрічають огрядні жіночки у віночках, наливають по пійсят оковитої. Усі кумаються, хрестяться, родичаються.

Мовний патруль розносить по поштових скриньках український правопис із погрозами: якщо до 24 серпня не вивчите напам'ять 125 параграфів канонічного видання, підлягаєте особливо жорстким тортурам, а далі – спаленню перед районним відділом освіти.

І так, саме він переписав на парканах і в переходах славетний магічний напис: «Эти садистки действуют на нас на расстоянии, уродуют, убивают нас!» на «Ці бузувірки чинять на нас вплив на віддалі, спартолюють, колошкають нас!». «Миксы соли» – тепер «Сольові мішанки», «Петя – х*й» – «Петро – прутень».

Пошесть пішла по всій Україні. Вриваються вночі, піднімають і змушують читати Шевченкову «Причинну» напам'ять. У гаманцях замість фотографій дітей рекомендують вкладати портрети двох Михайлів – Коцюбинського та Старицького. Замість образів у хатах ставлять погруддя Ірини Фаріон і переплітають рушниками.

Люди одне поперед одного намагаються втрапити в мовний патруль. Перьотин проти Кобеляк. Чорнобаївка проти Біляївки. Молодіжне проти Старого. Вінниця проти Чернівців. Усі змагаються: у кого мовний патруль мовніший. У Стадниках Львівської області баба Богданка написала на бабу Оресту, що та все життя на «туфлі» каже «мєшти», і за це дайте, будь ласка, бабі Богданці оту діляночку під сільрадою, де «лелеки», а не «бузьки» гніздяться. Свої мешти баба Богданка заховала під канапою, на часи, коли мовний патруль стане знову розмовним.

По всій Україні несеться, добродії. Тож наготуйте, будьте такі ласкаві, коровай і калину, лелеку на ціпочок припніть, Каменяра в золотій рамці над дверима повісьте – і чекайте. Бо й до вас прийдуть і спитають: «А скільки в школі мав з української мови?! Що значить "забув"? А голову ти вдома не забув? Чого смієшся? То розкажи вже всім нам, ми теж посміємося! І взагалі, зараз вийди – і зайди нормально!».

А насправді мовний патруль – це явище такого самого порядку, що й міжнародний конкурс мов: усі вірять і схиляються, але ніхто ніколи не бачив і не чув. І це так прекрасно, що в нас завжди є про що пофантазувати, навіть про підтримку публічного статусу української мови в Україні. А бачите, нафантазували ж – і спрацювало!

Дев'ять золотих правил успішного вивчення української мови

У житті кожного справжнього українця настає особливий момент, коли йому конче необхідно вивчити українську мову. Це завдання не з легких. Тим паче, коли над тобою витає дух левиці Ірини Фаріон чи «падає безжалісно град, б'ють блискавиці» Олега Анатолійовича Винника (і не питайте, звідки я знаю, що він Анатолійович!). Якщо ви нарешті готові вивчити мову предків і визнаєте, що Ісус Христос — родом із Галичини, вам неодмінно треба засвоїти дев'ять золотих правил, що стане запорукою вашого лінгвістичного успіху. Будь ласка, повторюйте їх щоразу, коли сумніватиметеся у своїй ролі в державотворенні або коли падатиме ваш патріотичний дух. Вивчіть їх, як два по два чотири, щоб від зубів відскакувало, щоб назубок, щоб дзвеніло і щоб, коли вночі розбудять, згадали – і далі за шкільною програмою.

1. *Милозвучність.* Запам'ятайте раз і назавжди, що українська мова посідає друге місце у світі за милозвучністю. Ніхто не знає напевне, яка клята мова сіла на перше місце й не дає прорватися мові Ісуса Христа, але точно відомо, що потрапила вона туди шляхом погроз, кумівства й корупції. Дослідники називають переможця залежно від своїх туристичних уподобань: італійська, французька, турецька, болгарська, есперанто, задовбанто, суахілі, заманалі і так далі, і так далі. Але знайте, що в потилицю йому завжди гаряче дихає українське чергування «у» з «в» та «і» з «йот».

2. *Споконвічність.* Науково доведено, що українська мова – найдавніша мова світу. Ні для кого не секрет, що вона давніша за санскрит, та що там санскрит – ця милозвучна й люба серцю динозаврів мова існувала ще в часи Великого вибуху. Ось як пише про це найдавніша книга світу, Ефіопське Євангеліє: «І стався Великий вибух, і утворився Всесвіт, і зароїлися мікроби на планеті Земля, і вирнули зі Світового океану три заповіді, вибиті на берестових грамотах: "Ти мені заговориш, падлюка, українською", "Українською мовою їж, пий і розмножуйся" і "Не ма-

тюкни". І пішли пророки по землі священній, і сповідували вони слово українське Олександра Потебні серед динозаврів, мамонтів і пітекантропів».

3. *Співучість.* Ніколи не забувайте, що українська мова – найспівучіша мова у світі. Це знання допоможе вам у будь-який важкий момент і дасть сил у подоланні незборимих обставин. За будь-якої незрозумілої ситуації – співайте. Цей метод опрацьований і перевірений століттями. Будьте як Наталка Полтавка. За душею ані копійки, коханий хз-де, до вас підкатує стрьомний мужик – а ви співайте. Цей метод – як пиво після горілки – завжди діє. Або ось, берете, наприклад, в АТБ віскі зі знижкою, підходите до каси й розумієте, що грошей усе одно не вистачає. Оголосіть касиру: «Слова Вадима Крищенка, музика Олександра Злотника – і співайте: "Ти – касир, а я – упир, ось тобі орієнтир: ти мені – віскарик, я тобі – п'ятнарик"».

4. *Матюки.* Матюків в українській мові немає й ніколи не було. Усі ми знаємо, що матюки придумали москалі, кацапи, цигани, фріци, жабоїди, макаронники й піндоси. А в щирої, лагідної, співочої української нації їх зроду не було й не буде. А як не вірите, то це легко перевірити. Знайдіть питомого українця та швиргоніть йо-

му на ногу каменюку. Поза всяким сумнівом, він лагідно гукне: «Матінко рідна, та що ж ти, поганцю, чиниш?!». Або зайдіть у редакцію питомо українського журналу «Дивослово» й вирубіть їм світло. Присягаюся, звідусіль залунає: «Ой лишенько! Та що ж це! Лелечко! Божечку! Халепа!». І, чесне слово, якщо ви розіб'єте директору інституту української мови айфон, він зойкне саме: «А хай тобі грець!», а не те, що ви подумали у своїй розбещеній матюками буйній голівоньці.

5. *Чужорідні елементи.* Що є сили уникайте запозичень, іншомовних слів і всіляких спроб ворожих словесних зазіхань. Пильно й ненастанно політь бур'ян. Не пускайте у свою мову всілякі селфі, планшети, біткойни і смузі. Замінюйте їх питомими відповідниками, себеньками, обаполками, гривнями і компотами. Плутайте ворога. Кажіть «калідор», «лісапет» і «гурки». Так ніхто не здогадається.

6. *Правопис.* Забудьте про український правопис, бо його складали москалі, кацапи, цигани, фріци, жабоїди, макаронники і піндоси. Словом, вороги українського державотворення, патріотизму й милозвучності. Ніхто вам не указ — ламайте систему. Пишіть «село» через «и», ставте кому між підметом і присудком і забудьте про апостроф. Рвіть греблі! Виходьте з берегів! Ідіть

у фейсбук і чмиріть неграмотних графоманів. У світі є одна правильна українська мова – ваша. Решта – від лукавого.

7. Інвентар. Ефективне вивчення української мови неможливе без допоміжних інструментів. Тому при собі завжди слід мати китицю калини, гілочку верби, глек з молоком, плахту, віночок, віз і хату-мазанку. Не завадить прихопити журавля, а краще трьох. Коли не згодні з опонентом, погрожуйте родовим прокляттям, кличте на допомогу дух Івана Франка, робіть страшні очі й махайте вербою, як мечем джедая. У такому випадку ви – нездоланний, як Котигорошко, і неперевершений, як Оленка Зміючка.

8. Моральна налаштованість. Плачте. Страждайте. Тужіть. Квильте, як Ярославна в Путивлі, летіть чайкою-зигзицею по Дунаєві, омочуйте бебряний рукав у Каял-ріці, утирайте князю криваві його рани на дужому його тілі. При вивченні української мови не час радіти й веселитися. Це тяжкий, стражденний і безмірно трагічний процес, це вам розкаже будь-яка вчителька української мови. Бажано також учитися у правильної вчительки, щоб «висока, прямесенька, як стрілочка, чорнявенька, очиці – як тернові ягідки, брівоньки – як на шнурочку, личком червона, як панська рожа, що в саду цвіте, носочок так собі прямесенький, із горбочком, а губоньки – як цвіточки розцвітають, і меж ними зубоньки – неначе жорнівки, як одна, на ниточці нанизані» та щоб сунула як чорна хмара і від одного погляду щоб помідори в'яли.

9. Певняк. Спробуйте просто заговорити українською. Чесне слово, вона не кусається, я це знаю напевне. І навряд чи українці кидатимуть каменюки чи розбиватимуть ваші айфони за неправильну вимову. Просто говоріть, а вона вам віддячить усією своєю калиновою милозвучністю і щирою любов'ю до краси, радості й щастя.